문과생만 할 수 있는 소셜데이터 분석

문과생만 할 수 있는 소셜데이터 분석

강정한 엮음

다 산 출 판 사

머리말

연세대학교 사회학과는 2022년에 50주년을 맞이했습니다. 그리고 사회학과 동문이신 한현옥 클리오 대표님이 50주년을 맞아 지원해 주신 기부금으로 2023년 2학기에 〈소셜데이터 조사분석〉이라는 수업을 개설할 수 있었습니다. 수업의 주요 목적은 학생들이 문제 설정부터 전략 수립, 자료 수집 및 분석, 해결 도출까지 몰입하여 체험할 수 있는 기회를 제공하는 것이었습니다. 수강생들은 기부금의 추가지원하에 조를 짜서 자신들이 풀고 싶은 문제를 설정하고, 이와 관련된 기존의 해법과 새로운 기회들을 조사하고, 자료를 수집하여 분석하고, 해법을 제시했습니다. 참여 학생 한 명 한 명이 문제 설정부터 해법 도출까지 모든 단계에 깊이 관여하고 체화시키는 것이 수업의 의도였기에, 모든 조는 소수의 인원으로 구성하였고 학생들은 보통 수업보다 훨씬 많은 시간과 노력을 투자하였습니다. 그리고 그 결과가 이렇게 책으로 나왔습니다.

한 학기 16주 동안의 수업을 통해 단행본을 만들 만한 조별 활동 성과를 내는 것은 쉽지 않습니다. 조별 과제의 성격에 따라 전문가 멘토분들을 섭외하고 조교들도 지원했기에 가능했습니다. 이 자리를 빌려 이러한 체험 기회를 제안하고 필요한 자원을 제공해 주신 한현옥 대표님, 조별 멘토분들과 조교분들, 그리고 단행본이 나오기까지 모든 수고를 아끼지 않은 임소원 수업 조교께 감사드립니다. 그리고 한 학기 동안 열성적이고 주도적으로 해답을 찾고 학기 후에도 성과물을 다

듣은 모든 수강 학생들께 감사드립니다.

이 책에 실린 조별 성과는 다양한 데이터와 분석 방법을 아우르고 있습니다. 먼저 사회적 기업에 대한 투자제안서를 작성한 조는 사회적 가치연구원의 기업 자료를 통계적으로 분석하여 투자 후보들을 골라내고, 다양한 지표와 스토리텔링을 통해 각 후보 기업을 소개하고 있습니다. 로스쿨 졸업생의 경력 전망과 선택을 탐구한 조는 로스쿨 학생과 현직 법조인들을 심층 인터뷰한 후 그들의 커리어 경로를 시각화하고 이면의 동기를 구체화했습니다. 여성 대상 범죄에 대한 담론 변화를 연구한 조는 장기간에 걸친 텍스트를 자연어 처리하여 온라인 커뮤니티 간 수렴하는 담론과 발산하는 담론을 구별해 냈습니다. 마지막으로 동아리 공연 후기 작성 앱을 개발한 조는 사전 수요 조사, 시제품 개발, 사용자 경험 분석과 향상 방안 도출까지, 벤처 개발의 전 과정을 수행하였습니다.

10여 명 남짓한 학생들이 경험한 데이터와 분석 기법이 이처럼 다양한 이유는, 그들이 풀고 싶은 사회적 질문이 다양했고 그에 적합한 데이터와 분석 기법을 탐색하고 선택해 나갔기 때문입니다. 학생들은 소셜데이터를 성공적으로 분석하는 열쇠가 특정 자료나 기법에 대한 능숙도가 아니라 풀고 싶은 사회문제에 대한 관심과 협업, 주변의 도움 등의 총체적 결합에 있음을 경험했습니다. 학생들은 자신이 속한 조가 목표에 접근해 가는 과정을 직접 체험했을 뿐 아니라, 정기적으로 다른 조의 과제 진행을 듣고 의견을 주고받으면서 다른 조의 구성원들이 문제를 헤쳐 나가는 과정까지 함께 체험했습니다. 비유하자면 서로 다른 배를 타고 각자의 방향으로 항해하면서도 서로의 항해에 도움을 주고받는 과정을 체화했다고 할 수 있습니다.

수업에 참여했던 학생들은 이제 다른 동료들과 다른 문제를 해결하기 위한 활동들로 나아갈 것입니다. 그때는 그에 걸맞은 소셜데이터를 수집하고 또 다른 분석 기법을 익히게 되겠지요. 어떤 데이터가 필요하고 어떤 분석 방법이 필요하게 될지 지금은 알 수 없지만, 이 수업에서 체화한 경험은 그것이 가능하리라는 것을 스스로 믿게 해 주고 함께 문제를 해결해 갈 동료들에게는 신뢰를 주게 되리라 생각합니다. 그리고 이 책을 읽는 독자들도 그러한 믿음과 신뢰로 향하는 여정에 함께할 수 있기를 바랍니다. 책의 말미에 실린 후기들과 클리오사회발전연구소 채널(youtube.com/@CLIOISDS)에 올라온 조별 인터뷰 동영상은 그러한 여정이 더욱 실감나도록 도와드릴 것입니다. 인공지능 시대를 준비하는 인문사회 분야 전공 대학생, 데이터 중심 실습형 수업을 운영하고자 하는 교수자, 인문사회 분야 진로를 희망하는 청소년과 그 부모, 자신의 데이터 분석 능력을 발휘해 사회에 기여하고 싶은 모든 분들께 도움이 되길 바랍니다.

2024년 4월

엮은이 연세대학교 사회학과 교수 강정한

목 차

Chapter

01

두 마리 토끼를 잡고 싶은 가치투자자를 위한 사회적 기업 선별과 투자제안

| 황희진 · 고동현 |

1.
들어가며

1) 벤처 기업에겐 너무 높은 한국 시장

2) 왜 사회적 기업인가?

1) 벤처 기업에겐 너무 높은 한국 시장

대기업이 주류를 이루고 있는 현재의 국내 경제 시장에서 스타트업 기업들이 설 자리는 부족한 상황입니다. 물론 규모가 큰 기업들이 창출하는 가치가 경제 성장에 큰 영향을 미치는 것은 무시할 수 없는 사실이지만, 내수 편중, 소수 대기업 의존적 사업 구조는 국제경제 및 산업이 전반적인 위험을 맞이하였을 때 국가 경제를 전체적으로 흔들 수 있습니다(장하성, 2014). 이러한 문제를 해결하기 위해서는 독자적인 사업 전개가 가능한 스타트업 혁신 역량을 확충하는 데 역점을 두어야 합니다(이장균, 2017).

전 세계적으로 대한민국의 스타트업은 그 경쟁력을 인정받고 있습니다. 전 세계 스타트업의 무대인 'CES 2022'에서 국내 스타트업 '펫나우'가 최고혁신상을 수상하는 등 많은 스타트업 기업들이 그 가능성을 보여주고 있습니다. 하지만 국내 기술 규제의 벽에 막혀 추가적인 기술 진보로 이어지지 못하기도 합니다. 이에 정부는 법령이 기술 발전 속도를 따라가지 못하는 문제를 해결하기 위해 지난 2017년 규제 샌드박스를 도입하기도 했으나, 절차가 지나치게 복잡하고 길어 그 사이 산업을 전개할 타이밍을 놓칠 수 있다는 평가가 많습니다. 스타트업이 성장하기 위해서는 기존 제품 및 서비스와의 차별성 및 시장성, 소비층, 잠재적 경쟁사에 대한 경쟁력 등을 갖추어야 하고, 이러한 능력을 갖춘 기업들은 벤처캐피털이나 대기업의 투자 부서에서 투자를 받아 성장할 수 있습니다. 그렇지만 좋은 아이디어와 기술력, 그리고 가치창출에서 경쟁력을 가진 스타트업 기업들이 다수 존재함에도 불구, 많은 투자나 관심을 받을 기회가 아직까지 적은 것이 현실입니다.

투자자의 입장에서도 이러한 문제들이 존재하는 것은 마찬가지입니다. 투자 대상 기업의 공개된 가치평가(Valuation) 정보가 부족할 뿐 아니라, 특히 사회적 가치를 창출하는 사회적 기업들을 측정할 평가 방식이 구체화되어 있지 않아 투자에 대한 평가가 어렵습니다. 물론 경영진과의 면담 및 사회적 평판을 고려하여 투자 결정을 할 수도 있지만, 상장된 기업들과 비교하였을 때 상대적으로 위험부담이 크고 경기의 영향을 많이 받기에 투자에 적극적으로 나서기 어렵습니다.

2) 왜 사회적 기업인가?

이러한 문제 의식을 바탕으로, 저희는 스타트업 중에서도 사회에 미치는 긍정적인 영향에 초점을 맞추는 사회적 기업에 주목하였습니다. 「사회적기업 육성법」 제2조는 사회적 기업을 '취약계층에게 사회서비스 또는 일자리를 제공하거나 지역사회에 공헌함으로써 지역주민의 삶의 질을 높이는 등의 사회적 목적을 추구하면서 재화 및 서비스의 생산 · 판매 등 영업활동을 하는 기업'으로 정의하고 추가적으로 '제7조(사회적 기업의 인증)에 따라 인증을 받은 자'로 한정하여 정의하고 있습니다(성지미 · 황준욱 · 안주엽, 2014). 또한, 한국사회적기업진흥원(2013)의 2013 소셜벤처 사례집에서는 사회적 기업의 개념적 범위에 사회적 가치와 경제적 가치의 동시 창출을 규정하고 있습니다. 이에 사회적 기업은 기업의 경제적 이익뿐 아니라, 지속가능한 일자리 제공, 지역사회 활성화, 윤리적 경영문화 확산 등 사회적으로 긍정적인 가치 창출을 목표로 하고 있다는 점에서 일반적인 벤처기업과는 차이를 보입니다. 이러한 사회적 기업에 투자하여 환경 · 사회적 가치 실현을 달성함과 동시에 재무적 이익까지 추구하는 투자기관을 통한 투자를 '임팩트 투자'라고 합니다. 그리고 저희는 이와 같은 임팩트 투자에 주목하였습니다. 전 세계적으로 세상을 바꾸는 혁신은 사회적 · 재무적 수익을 모두 창출합니다. 도시 유휴 공간을 개발하고, 사회적 취약계층에 저렴한 가격으로 필요품을 공급하는 일 등 우리 사회에 필요한 사업이 모두 임팩트 투자의 대상일 수 있습니다. 실제로 글로벌 임팩트 투자 네트워크(GIIN)의 조사에 따르면 세계 주요 임팩트 투자사 229곳의 운용 자산 규모는 2280억 달러(약 255조 5000억 원)에 달하며, 아큐먼 펀드 같은 주요 투자사들은 연평균 10%대의 높은 수익률을 올리는 것으로 알려져 있습니다(이철영 · 임창규, 2019).

이러한 스타트업 기업들이 '한국사회적기업진흥원'에서 사회적 기업의 인증을 받게 된다면 재정, 창업, 성장, 생태계 조성 분야에서 다양한 혜택을 지원받을 수 있습니다. 인건비를 지원받을 수 있고 지속적이고 안정적인 수익 구조를 구축하기 위하여 최대 3억 원의 한도 내에서 사업개발비도 지원받을 수 있습니다. 그뿐만 아니라 소득세, 법인세, 취득세, 재산세 등의 항목에서도 세제 혜택을 받을 수 있으며, 자체고용 근로자의 4대 사회보험료 중 사업주가 부담해야 하는 내용의 일부도 지원받을 수 있습니다.

최근 사회적 문제를 해결하기 위한 사회적 기업의 다양한 시도는 꾸준하게 증가하고 있습니다. 앞서 언급하였듯, 사회적 기업은 「사회적기업 육성법」상 취약계층에게 사회서비스 또는 일자리를 제공하거나, 지역사회에 공헌하면서 지역사회 주민의 삶의 질을 높이는 등의 목적을 추구할 뿐 아니라 재화 및 서비스의 생산판매 등 영리활동을 하는 기업으로, 사회적 사명을 목적으로 사회적 요구를 달성하고자 기업의 경영을 수행하기에 다양한 사회적 문제를 해결할 수 있는 새로운 방법으로 널리 알려져 있습니다. 일반적으로 사회적 기업은 특정한 사회적 문제(환경보호, 소외계층 돌봄, 공정무역 등)를 지속적으로 해결하기 위한 방안을 수립하기 위해 설립됩니다. 즉, 사회적 이슈와 경영적 성과 간의 통합이라는 상반된 과제 속에, 사회적 이슈 또는 문제에 대한 세분화된 해결책이 효과적으로 장기간 실행될 수 있도록 체계화하는 노력은 사회적 기업이 운영을 지속하고 생존하는 데 도움이 된다는 것입니다.

기본적으로 기업의 운영이라는 과제를 수행하기 위해서 관리자들은 수익성과 지속가능성에 초점을 둘 수밖에 없습니다. 또한, 사회적 기업의 발전과 성장을 지원하기 위해 투입된 예산과 자원이 정말 효과적으로 사용되고 있는지의 여부도 충분히 논의되어야 하는 사항입니다. 따라서, 사회적 기업에 대해 다양한 시각이 존재하고, 그와 관련하여 여러 가지 요구사항이 발생하고 있습니다. 이에 저희는 사회적 기업이 어떻게 고용을 증가시키고 취약계층의 사회적 문제를 해결하며 환경보호 등에 기여하는지에 대해 정량적인 성과를 측정하고, 이 중 우수한 성과를 창출하고 있는 기업들에 대해 투자를 권유하는 투자제안서를 작성하고자 합니다.

사회적 기업의 성과는 그들의 사회적 기여(고용 기회 제공, 환경 보호, 삶의 가치 창출, 취약계층에게 교육 기회 제공 등)와 이러한 기여의 지속적인 효과, 즉 긍정적인 발전 방향으로 창조된 사회적 가치를 의미합니다. 한국사회적기업진흥원에서 측정하는 SVI(Social Value Index, 사회적가치측정지표)가 있지만, 이는 정성평가로 점수를 매기는 방식에 가깝고, 경영성과에 대한 비중이 다소 작다는 한계점이 존재합니다. 이에 저희는 이와 차별화된 지표를 구축하고자 하였습니다.

2.
어떻게 선별할까?

1) 경영성과 점수

2) 사회성과 점수

투자 대상 기업을 선정하기 위하여 각 기업별 경영성과와 사회성과에 각각 점수를 부여하고 이 중 기준에 부합하는 기업을 선별하는 과정을 거치도록 하였습니다. 해당 과정을 통하여 선별된 기업들을 바탕으로 포트폴리오를 제작하여 임팩트 투자에 관심을 갖고 있는 투자자들에게 상장되지 않은 기업들에 대한 구체적인 정보를 제시함으로써 사회성과와 수익성 모두를 고려한 투자를 할 수 있도록 도울 수 있습니다. 그뿐만 아니라 경영성과와 사회성과 두 방면에서 성장가치가 있는 기업의 입장에서는 용이하게 투자가 성사될 수 있도록 하여 기업의 성장에 발판을 마련하는 것을 목표로 하였습니다.

이를 위하여 경영성과와 사회성과 각각을 측정하는 점수 체계를 만들고 이를 CSES(사회가치연구원)에서 제공하는 280여 개 기업의 재무제표 및 사회적 인센티브에 적용하여 해당 기업들 중 우수한 기업을 선별하고자 하였습니다. CSES에서 제공하는 데이터는 크게 세 가지로 구성되어 있는데 이는 각각 경제적 가치, 사회적 가치, 코드북입니다. 경제적 가치 데이터는 기업의 자산, 부채, 자본 등의 요약 재무제표로 구성되어 있으며, 사회적 가치 데이터의 경우 각각의 기업이 창출한 고용성과, 사회서비스성과, 사회생태계성과를 정리한 데이터입니다. 마지막으로 코드북은 각 기업의 설립 연도, 직원 수 등의 간단한 정보를 담은 데이터입니다.

먼저, 경영성과는 크게 수익성, 유동성, 안정성으로 구별하여 점수를 부여하였습니다. 선행연구를 검토한 결과, 벤처기업 및 스타트업 기업에 대한 투자의 경우 수익성, 유동성, 안정성에 관하여 중요도가 유사한 수준으로 나타나는 것을 확인할 수 있었습니다(이재식 · 김성태, 2023). 따라서 각각에 해당하는 점수를 같은 비중으로 점수 합산에 활용하도록 하였습니다.

다음으로 사회성과의 경우 환경성과를 제외한 고용성과, 사회서비스성과, 사회생태계성과를 기준으로 하여 측정하였습니다. 환경성과, 고용성과, 사회서비스성과, 사회생태계성과는 각각 해당 분야에서 기업의 조직 활동을 통해 얻어낸 성과를 의미합니다(라준영 · 김수진 · 박성훈, 2018). 그러나 환경성과의 경우 농업, 어업, 수도, 하수 및 폐기물 처리 등의 환경과 직접적으로 관련된 산업에 편향되어 있는 경향을 보여 해당 성과를 제외한 나머지 성과를 통하여 점수를 산정하고자 하였습니다. 이를 사회성과 점수로 정의하였고, 사회성과 점수는 CSES 데이터 베이스 내의 사회적 기업 데이터를 기반으로 고용성과, 사회서비스성과, 사회생태계성과와 SPC(Social Progress Credit, 사회적 인센티브) 사이의 상관관계를 회귀분석을 통해 분석하여 각 항목에 대한 가중치를 설정하고 이에 각 기업의 사회성과 수치를 대입하여 최종적인 사회성과 점수를 산출하였습니다. 각 사회성과에 대한 정의는 다음과 같으며, 이를 측정하는 자세한 방식 및 각 성과에 해당하는 세부 항목의 경우는 아래에서 후술하겠습니다.

표 1 사회성과 세부 항목 정의

고용성과	취약계층에 대한 일자리 제공 등의 고용 측면에서 창출한 사회성과
사회서비스성과	서비스 및 제품의 무상 혹은 할인 제공을 통하여 창출한 사회성과
사회생태계성과	새로운 거래기회의 창출과 같이 시장의 측면에서 창출한 사회성과

이와 같은 과정을 통하여 측정한 경영성과 점수와 사회성과 점수를 바탕으로 대상 기업들 중 조건에 충족한 가장 우수한 기업들을 선정하였고 각 기업에 대한 투자 보고서를 작성하였습니다. 경영성과 점

수의 경우 기준 점수를 설정하여 해당 점수를 넘는 기업들을 선별하기 위한 1차 기준으로 활용하였고, 선별된 기업들 중 사회성과 산술식에 맞추어 측정한 사회성과 점수가 높은 기업들을 선별하였습니다. 이를 통해 총 10개의 후보 기업들을 선정하였고 그중 사업성과 높은 사회성과를 창출할 수 있을 것이라고 기대되는 4개의 기업을 최종 선정하였습니다.

1) 경영성과 점수

A. 수익성 점수

수익성 점수의 경우 기업의 수익성 측정에 널리 사용되는 비율인 ROE(자기자본수익률)를 활용하였습니다. ROE는 측정 기간 동안 기업이 자본을 활용하여 얼마만큼의 이익을 냈는가를 측정하는 지표로서, 해당 기간 동안 기업이 만들어 낸 순이익을 기업의 평균 자기자본으로 나누어 측정합니다. 이를 식으로 표현하면 다음과 같이 나타낼 수 있습니다.

$$\text{ROE} = (\text{당기순이익}/\text{평균자기자본}) \times 100$$

ROE의 경우 15%를 기준으로 해당 수치 이상의 기업은 수익성이 뛰어난 것으로 판단하고자 하였습니다(김영겸, 2014). 위의 식을 통하여 구한 ROE를 바탕으로 해당 지표가 15% 이상일 시 만점을 부여하고, 15% 미만일 경우 해당하는 비율을 통하여 100점 만점으로 환산하여 점수를 측정합니다. 이를 식으로 표현하면 다음과 같습니다.

수익성 점수 = ROE × (100/15) (최대 100점)

해당 기준으로 2015년부터 2021년까지를 대상으로 점수를 측정하였고 결측치를 제외하고 다음과 같은 결과를 얻을 수 있었습니다.

표 2 연도별 수익성 점수 측정 결과

	2015년	2016년	2017년	2018년	2019년	2020년	2021년
평균	−488	−104.84	−131.36	−57.39	−323.13	−666.17	−165.28
최댓값	100	100	100	100	100	100	100
최솟값	−21,176.2	−5,165.81	−10,051.7	−4,311.28	−9,904.04	−130,079	−18,419.5
Q3	100	100	100	100	100	100	100
중앙값	55.63	82.25	76.20	75.87	58.62	96.12	63.50
Q1	−5.75	7.31	0.51	4.77	−50.54	−6.30	−79.22
10위	100	100	100	100	100	100	100
사례 수	42	92	128	186	220	250	270

추가로 수익성 점수의 경우 현재 사업의 성과와 해당 성과가 지속적으로 나타날 수 있는지를 고려해야 합니다. 따라서 최종적으로 적용되는 2022년의 데이터에 기반한 점수가 만점인 기업이라도 이전 연도와 비교하였을 때 수익의 괴리가 크거나 수익성이 떨어진다고 판단되는 경우 최종 선정에서 제외하였습니다.

B. 유동성 점수

유동성 점수의 경우 유동비율을 활용하여 점수를 측정합니다. 유동비율은 기업이 보유하는 지급능력, 또는 신용능력을 판단하기 위한 지표로서 기업이 단기간에 현금화하여 사용할 수 있는 자산을 단기 부채로 나누어 단기 부채에 대한 기업의 대응 능력을 측정하는 지표입니다. 이를 식으로 표현하면 아래와 같습니다.

유동비율 = (유동자산/유동부채) × 100

해당 비율의 경우 200% 이상으로 유지되는 것이 이상적이라고 할 수 있습니다(두산백과). 따라서 200%를 기준으로 해당 비율을 넘어갈 경우 만점을 부여하고, 200% 미만일 경우 해당하는 비율을 통하여 100점 만점으로 환산하여 점수를 측정하였습니다. 이를 식으로 표현하면 다음과 같습니다.

유동성 점수 = 유동비율 × (100/200) (최대 100점)

위와 같은 기준을 통해 얻어낸 2015년부터 2021년까지의 결측치를 제외한 측정 결과는 아래와 같습니다.

표 3 연도별 유동성 점수 측정 결과

	2015년 (94)	2016년 (130)	2017년 (188)	2018년 (222)	2019년 (252)	2020년 (272)	2021년 (272)
평균	75.57	76.88	73.46	79.05	78.23	77.48	81.28
최댓값	100	100	100	100	100	100	100
최솟값	2.53	0.88	1.08	5.82	9.07	2.32	0.34
Q3	100	100	100	100	100	100	100
중앙값	93.87	88.76	100	100	100	100	100
Q1	53.14	53.94	48.86	59.15	57.10	59.14	67.15

10위	100	100	100	100	100	100	100
사례 수	42	92	128	186	220	250	270

C. 안정성 점수

마지막으로 안정성 점수는 부채비율을 활용하여 측정하고자 하였습니다. 부채비율은 타인자본에 대한 기업의 의존도를 평가하는 지표로서 전체 부채를 자기자본으로 나누어 측정합니다. 측정식은 다음과 같습니다.

부채비율 = (부채/자본) × 100

부채비율의 경우 부채를 자기자본보다 적게 가지고 있을 경우, 즉 해당 비율이 100% 이하일 경우 기업의 재무 상황이 건전하다고 판단합니다(두산백과). 또한 앞서 다루었던 두 가지 지표와는 달리 해당 비율이 낮을수록 긍정적인 신호라고 파악하였습니다. 따라서 부채비율에 해당하는 값의 역수를 안정성 점수로 활용하되, 100점을 넘어갈 경우 만점인 100점을 부여하도록 하였습니다. 이를 식으로 표현하면 아래와 같습니다.

안정성 점수 = 1/부채비율 (최대 100점)

이러한 측정 방법을 2015년에서 2021년의 데이터에 적용한 결과는 다음과 같습니다.

표 4 연도별 안정성 점수 측정 결과

	2015년 (94)	2016년 (130)	2017년 (188)	2018년 (222)	2019년 (252)	2020년 (272)	2021년 (272)
평균	56.69	56.11	49.41	50.94	51.16	49.99	51.94
최댓값	100	100	100	100	100	100	100
최솟값	-45.44	-87.1	-97.41	92.35	-87.70	-94.77	92.81
Q3	100	100	100	100	100	100	100
중앙값	52.75	60.97	51.99	52.13	48.60	59.69	55.11
Q1	22.84	24.44	15.23	20.14	17.02	11.64	17.11
10위	100	100	100	100	100	100	100
사례 수	42	92	128	186	220	250	270

각각의 과정을 통하여 산출한 점수에서 만점을 받은 기업의 수가 많다는 것을 확인할 수 있었습니다. 해당 점수를 보수적으로 산정한 이유는 저희가 진행한 프로젝트의 목적이 사회적 가치를 창출하는 기업을 선별하는 것에 있기 때문입니다. 투자를 통해 기업의 매출을 대폭 상승시켜 경영성과를 올리는 기업을 선정하기 위하여 경영성과 점수를 활용하는 것이 아닌 투자를 하였을 때 큰 경영성과를 올리지 못하더라도 재무적 건전성과 기업의 안정성이 확보된 기업을 선별하기 위한 1차 선별 기준으로서 경영성과 점수를 활용하였습니다.

위와 같은 과정을 통해 측정한 수익성 점수, 유동성 점수, 안정성 점수를 합산하여 총 100점 만점의 경영성과 점수를 산정하였습니다. 각각의 점수를 3으로 나누어 합산하고 같은 가중치를 부여하여 종합적인 경영성과 점수를 산출하였습니다. 이를 식으로 표현하면 다음과 같습니다.

경영성과 종합점수=(수익성 점수+유동성 점수+안정성 점수)/3

이를 연도별로 종합한 결과는 다음과 같습니다.

표 5 연도 별 경영성과 종합점수 측정 결과

	2015년 (94)	2016년 (130)	2017년 (188)	2018년 (222)	2019년 (252)	2020년 (272)	2021년 (272)
평균	−109.27	8.53	−3.73	23.29	−65.79	−182.71	−11.07
최댓값	100	100	100	100	100	100	100
최솟값	−7,024.9	−1,697.95	−3,333.82	−1,420.81	−3,284.84	−4,3341.8	−6,124.58
Q3	80.41	81.48	78.75	81.36	81.90	80.49	82.90
중앙값	68.08	61.61	56.98	60.95	57.18	58.60	56.53
Q1	26.60	34.23	25.50	28.13	22.50	26.04	10.10
10위	99.03	100	100	100	100	100	100
사례 수	42	92	128	186	220	250	270

2) 사회성과 점수

A. 사회성과 비율점수

사회적 기업은 「사회적기업 육성법」에 따라 '취약계층에게 일자리를 제공하거나, 지역사회에 공헌하면서 지역사회 주민의 삶의 질을 높이는 등의 목적을 추구할 뿐 아니라 재화 및 서비스의 생산판매 등 영리활동을 하는 기업'으로 정의되어 있습니다. 이러한 사회적 기업의 성격에 맞추어 창출한 기업의 성과를 해당 기업의 사회성과라고 명명할 수 있습니다. 분석적으로는 CSES에서 제공하는 SPC(사회적 인센티브)를 사회성과로 정의하였고, 이렇게 정의한 사회성과를 고용성과, 사회서비스성과, 사회생태계성과에 의해 예측하는 모형을 수행했습니다. 고용성과란 해당 기업이 고용 창출 및 유지에 기여한 성과를 의미하며, 직접고용, 경과성일자리, 고용돌봄성과의 세 가지 항목에서의 인센티브로 측정됩니다. 사회서비스성과란 소비자에게 제공하는 사회적 서비스에 대한 성과를 의미하며 무료 및 할인제공 성과와 추가생산요소투입성과의 두 가지 성과가 이에 해당됩니다. 사회생태계성과는 사회 전반적으로 미칠 수 있는 영향을 수치화한 성과입니다. 소농거래, 공정무역, 크라우드펀딩, 창업지원, 신규거래, 공익활동조직지원, 지역문제해결 등의 세부 항목이 이에 해당합니다. 종속변수인 SPC는 매년 객관적인 기업의 활동가치 영역에 대해서 수치화하여 사회적 활동을 장려하는 것을 목적으로, 사회적 가치가 경제적 인센티브로 표현되어 사회적 활동과 기업 생태계 간 연계성을 나타내는 지표로 고안되었습니다(이용대 · 김익태, 2023). 가시화하기 어려운 사회적 성과를 측정 및 비교하기 용이한 경제적 지표로 환산한다는 점에서 SPC가 의의가 있는 정보라고 생각하여 종속변수로 선정하였습니다.

$$\text{SPC(사회적 인센티브)} = a \times \text{고용성과} + b \times \text{사회서비스성과} + c \times \text{사회생태계성과}$$

위 식에서 SPC는 종속변수, 고용성과 및 사회서비스성과, 그리고 사회생태계성과는 독립변수로 정의하였습니다. 각각의 변수에 해당하는 수치는 CSES에서 제공한 데이터 베이스 내의 값을 활용하였습니다. 각 독립변수의 가중치의 경우 각 연도별 데이터를 회귀분석하여 도출된 회귀계수를 평균낸 값으로 사용하였습니다. 연도별 협약 체결이 종료되었거나 측정값이 없었던 기업의 경우 데이터가 없는데도 SPC 인센티브 값이 존재한 사례도 있어 분석에서 제외하였습니다. 해당 식을 바탕으로 R 프로그래밍을 통해 연도별 회귀분석을 진행한 결과는 아래와 같습니다.

표 6 독립변수의 연도별 회귀계수 도출 결과

	2015년 (94)	2016년 (130)	2017년 (188)	2018년 (222)	2019년 (252)	2020년 (272)	2021년 (272)
고용성과	0.2674	0.2071	0.1999	0.1833	0.1641	0.1343	0.0152
사회생태계성과	0.2208	0.2355	0.1745	0.1749	0.1879	0.2205	0.0375
사회서비스성과	0.2374	0.2621	0.2284	0.1824	0.1663	0.1713	0.0623
사례 수	42	92	128	186	220	250	270

연도별 회귀계수를 종합하여 평균을 내었더니 고용성과의 회귀계수는 0.1673, 사회생태계성과의 회귀계수는 0.1788, 사회서비스성과의 경우는 0.1872로 도출되었습니다. 이를 위의 식에 적용하면 아래와 같은 결과를 도출할 수 있습니다.

$$SPC(\text{사회적인센티브}) = (0.1673 \times \text{고용성과}) + (0.1788 \times \text{사회서비스성과}) + (0.1872 \times \text{사회생태계성과})$$

3. 어디에 투자할까?

1) 공간을 더욱 효율적으로 - 엔스페이스

2) 모두에게 필요한 에너지 - 주식회사 요크

3) 나의 건강에서 모두의 건강으로 - 비타민엔젤스

4) 희망을 만드는 - 만드로주식회사

사회적가치연구원 SPC로부터 2022년의 기업 정보를 제공받아 앞선 과정으로 도출한 경영성과, 사회성과 측정식을 해당 데이터를 제공한 모든 기업에 적용하여 아래의 〈표 7〉과 같이 1차적으로 기업들을 선별하였습니다. 2022년 SPC에 등록된 기업들 중 경영성과 90점 이상을 기록한 기업들을 사회성과를 기준으로 내림차순한 결과입니다.

표 7 기업별 경영성과와 사회성과

경영성과	사회성과	ID
90.53516198	233,432,365	2110289
100	208,854,127	1909208
100	113,599,704	1808149
100	106,509,539	1510002
100	75,399,954	1510004
100	55,629,273	1510022
100	46,798,164	1909210
100	42,443,773	1909197
100	40,966,632	1608076
100	40,797,282	1510040
96.08054872	30,154,929	2210339
100	25,360,415	1510046
90.62631418	22,301,490	1808150
98.29731467	22,005,871	1808144
100	20,712,341	2010223
100	19,215,400	1808138
100	18,268,307	1612097
100	14,919,691	1909222

100	13,612,961	1909213
100	12,572,647	1808133
92.00584937	10,710,765	1604059
100	9,286,801	1510027
96.9584973	9,124,124	1608091
100	6,807,753	1708123
100	5,829,892	2210335
100	5,798,492	1808147
97.40624199	5,079,853	1510050
93.53000029	4,789,040	2010239
100	2,747,250	1708129
100	2,328,542	2010240
100	2,001,654	2110299
99.43501409	292,660	1810183
95.7566351	212,772	1510026
97.50268773	0	2110295
100	16,136,739	2110298
98.6428135	23,893,822	1608068
100	28,571,086	1608084

그리고 이 중 사회성과가 가장 높은 10개 기업을 선별하였습니다.

표 8 최종 선별 10개 단체

경영성과	사회성과	ID	단체명
90.53516198	233,432,365	2110289	강서나눔돌봄센터
100	208,854,127	1909208	에이유디사회적협동조합
100	113,599,704	1808149	엔스페이스
100	106,509,539	1510002	나눔공동체
100	75,399,954	1510004	다우환경
100	55,629,273	1510022	앱와치
100	46,798,164	1909210	주식회사 요크
100	42,443,773	1909197	만드로주식회사
100	40,966,632	1608076	비타민엔젤스
100	40,797,282	1510040	오마이컴퍼니

ID로 익명화되어 있는 각 단체들의 이름의 경우 SPC로부터 수령한 법인격, 설립연도, 산업 분류, 사업 영역 그리고 재무데이터 등을 한국사회적기업진흥원에 공식적으로 등록된 정보와 대조하여 각 단체들의 실명 파악 과정을 진행하였습니다. 각 기업들의 실명을 파악하는 과정에서 정보 대조를 위해 사용된 정보들은 한국사회적기업진흥원에서 공개적으로 사용할 수 있도록 등재한 자료이기에 연구 윤리에 어긋나지 않습니다. 그리고 이 단체들 중 수익 창출이 주목적이 아닌 사회적협동조합은 스타트업에 대한 임팩트 투자를 통한 금전적 수익과 사회적 가치 창출보다는 금전 후원의 성격이 강하기 때문에 본 프로젝트의 목적에 부합하지 않는다고 판단하여 분석 대상에서 배제하였습니다. 이에 따라 위 10개 단체들 중 투자가 가능한 주식회사의 성격을

갖고 있는 엔스페이스, 주식회사 요크, 비타민엔젤스, 만드로주식회사 네 기업에 대한 투자 분석 보고서를 아래와 같이 작성하였습니다. 보고서는 투자자의 입장에서 필요한 기업의 정보를 크게 Overview, Profile, SPC, Performance, Risk의 총 다섯 가지 항목으로 나누어 구성하였습니다. Overview 항목에서는 기업의 주된 상품 및 서비스, 목표로 하는 성과, 향후 발전 가능성 등을 개괄적으로 소개하였습니다. 해당 기업이 홈페이지에서 직접 제시한 내용뿐 아니라 대표의 인터뷰, 뉴스 기사, 특허청 등 다각도에서 조사한 자료를 바탕으로 작성하였습니다. Profile 항목에는 홈페이지 및 대표로 판매하는 상품 및 서비스 등 해당 기업에 대한 기본적인 정보를 담았으며, SPC 항목에서는 사회성과의 세 가지 항목(고용성과, 사회서비스성과, 사회생태계성과) 중 해당 기업이 주력으로 하는 사회성과를 제시하였습니다. Performance 항목에는 2022년 기준 기업의 최근 5년간 매출액과 영업이익 및 당기순이익의 추이를 시각화하여 제시하였습니다. 설립된 지 5년이 안 되었거나 CSES에 가입한 지 5년이 안 되어 5년까지의 데이터가 없는 경우에는 3년간의 데이터를 활용하였습니다. 마지막으로 Risk 항목에서는 해당 기업이 속해 있는 시장 및 산업에 대한 위험을 인터넷 기사 및 동아비즈니스리뷰(DBR), 조선비즈(ChosunBiz)와 같은 간행물을 통해 조사하여 제시하였고, 이와 더불어 개별 기업에 대한 위험을 제시하였습니다.

1) 엔스페이스

Overview	새로운 도시혁신 서비스로 도시의 가치를 높이는 소셜벤처로서, 도시공간을 활력 있게 만드는 서비스-공간-솔루션을 창안하고 실제적인 운영 프로그램으로 구현하는 공간밸류업컴퍼니입니다. 궁극적으로는 커뮤니티 자원의 자산 가치를 높이고, 그 가치를 이해관계자 그룹이 함께 공유하도록 만들어 가는 커먼즈 디벨로퍼 그룹을 지향하며 성장하는 중입니다. 해당 기업은 첫째로 스페이스클라우드 서비스와 같이 공간공유 플랫폼을 통해 공간의 활용도를 높이고 새로운 부가 수익을 창출할 수 있는 솔루션을 운영 중입니다. 대표적으로 SpaceCloud, SpaceBiz, 서울시 공동체공간 플랫폼 공간이음 등의 서비스를 운영하며 100만 명 이상의 누적회원과 4만 5천 팀 이상의 공간운영팀을 보유 중입니다. 또한 지역에서 공유할 수 있는 공동체 이익 회사를 세우고, 공익신탁을 통해 유휴부동산을 부동산 약자에게 제공하여 안정적인 공간 운영을 통해 사회적으로 기여하고자 하며, 공적 부동산 자원들이 지역 공동체 그룹에 의해 지속가능한 경영이 되도록 지원하고 있습니다. 마지막으로 해당 기업은 비어 있는 공간의 용도와 쓸모, 본질적인 운영 거버넌스를 고려하여 지속가능한 공간 기획과 운영 구조를 새롭게 디자인하고 있습니다. 최근에는 리츠 방식의 스타트업 청년 전용 커뮤니티 하우스 '앤스테이블', 1인 기업가를 위한 동네형 코워킹스페이스 '인디워커스' 서비스를 통해 새로운 유형의 공간 브랜드를 실험하고 지역에 정착하는 사업을 추진하는 중으로 수익 창출 라인 다각화를 통해 위험을 분산하고 앞으로의 규모 성장을 도모하는 중입니다.	
Profile	법인명	주식회사 엔스페이스
	대표명	정수현
	소재지	서울시 강남구 삼성로
	홈페이지	https://www.nspace.co/
	대표 상품 및 서비스	공간밸류업, 주거용 및 비주거용 건물 임대
	설립 시기	2014.01.

SPC	사회생태계성과 중 '신규거래기회' 항목에 해당합니다. 커먼즈 디벨로퍼로서 다양한 지역에서 공동체의 회복과 활력을 만들어 공동체를 활성화하고 커뮤니티의 가치를 높이는 타운을 개발하고 운영하는 것을 목표로 하고 있습니다. 그뿐만 아니라, 자기다움 있는 브랜드를 갖고 공간을 확장하는 로컬브랜더 멤버십을 1천 팀 이상 발굴 및 연결하는 것을 향후 몇 년간의 비즈니스 목표로 함으로써 사회적 가치 창출효과도 점차 증진할 전망입니다. 유휴공간을 활용하여 새로운 연결망을 발굴하고 자체적인 서비스 팀도 론칭하는 과정은 새로운 거래 기회를 창출하여 관련 산업 생태계를 활성화하는 중요한 가치를 제공합니다.
Performance	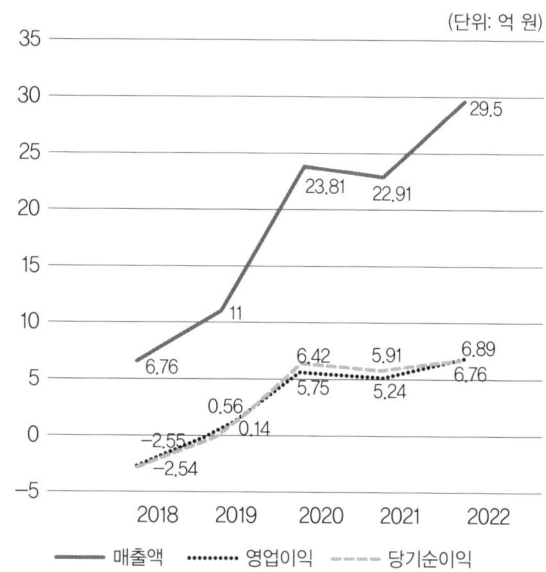
Risk	2018년부터 2020년까지 매출액과 영업이익이 빠른 속도로 성장했지만, 이후 코로나 19로 인하여 외부 공간 공유에 대한 수요가 줄어들며 이에 걸맞은 새로운 돌파 전략을 찾지 못해 잠시 정체를 기록하는 등 외부 환경으로 인한 위험이 존재합니다. 그뿐만 아니라 경기가 침체되어 스타트업과 개인 창업 시장이 사회 전반적으로 침체될 경우 해당 회사 서비스에 대한 수요가 감소할 수 있습니다.

2) 주식회사 요크

Overview	태양 에너지 관련 제품과 서비스를 제작하여 일상생활에서 사용할 수 있도록 디자인과 테크놀로지의 시너지를 특징으로 하는 사회적 기업입니다. 'Solar paper'라는 충전기 제품을 자체 제작하여 기술 혁신으로 원가를 절감하고, 이를 활용하여 개발도상국에 상대적으로 저렴한 비용으로 제품을 공급하는 ODA 사업을 진행하고 있습니다. 대표적으로 Solar paper를 활용한 충전 시스템인 'Solar Cow'를 콩고, 탄자니아, 케냐에 2021년까지 설치하였습니다. 현재는 휴대용 태양광 충전기 브랜드 'YOLK'에 집중하고 있으며, 이러한 사업 확장과 함께 'Solar Paper'는 대한민국 최초이자 전 세계 1% 안에 드는 성과인 100만 달러(한화 12억 원)의 펀딩을 달성하였습니다. 현대인의 생활 필수품인 스마트폰의 배터리 부족 문제로 시달리는 많은 사람들에게 태양광 에너지를 통한 충전으로 친환경 솔루션을 제공하고 있어 ESG 가치 실현에 대한 사회적 관심이 크게 증가하고 있는 최근의 제조업 시장의 방향성과도 잘 들어맞아 앞으로의 성장을 기대할 수 있습니다. 실제로 세계 최대 휴매니테리언 컨퍼런스인 AidEx에서 한국 기업 최초로 대상을 수상했으며, 세계 최대 규모의 테크 쇼인 CES에서도 대상을 수상한 바 있는 만큼 세계적으로도 창출 가치와 기술력을 인정받고 있습니다.	
Profile	법인명	주식회사 요크
	대표명	장성은
	소재지	경기도 의왕시 이미로
	홈페이지	http://yolkstation.com/
	대표 상품 및 서비스	기타 반도체 소자, 기타 전기 변환장치
	설립 시기	2019.01.
SPC	사회서비스성과 중 '무료, 할인제공' 항목에 해당됩니다. 아동 5명 중 1명은 아동노동에 시달리고, 전기 접근성이 낮아 케로신과 같은 유해 화석 연료를 에너지원으로 사용하고 있는 아프리카 환경에 저렴한 비용으로 충전스테이션을 설치합니다. 이를 통해 재정적으로 풍족하지 않은 아프리카의 아이들이 학교에 와서 배터리가 충전되는 동안 수업을 듣고, 친구를 사귈 수 있습니다. 또한 아동이 노동에서 벗어나고, 유해한 화석연료에 노출되지 않도록 하는 추가적인 효과도 기대할 수 있습니다.	

<table>
<tr><td>Performance</td><td>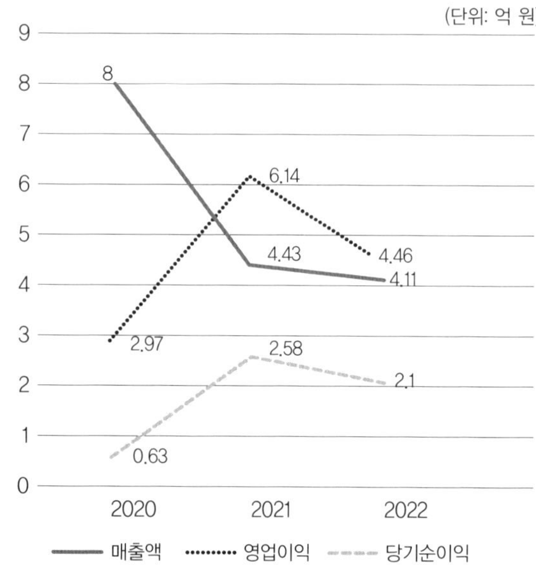
</td></tr>
<tr><td>Risk</td><td>제품의 소비자와 수혜자를 서로 다른 대상으로 하고 있는 수익 모델로 인해 위험이 발생할 수 있습니다. 즉, 실제 수혜자의 제품에 대한 실질적인 수요와 제품으로 인한 만족도가 정확하게 반영될 수 없다는 점에서 주의가 필요합니다.
해당 기업이 진행하고 있는 ODA 사업(경제발전경험 공유사업)의 특성상 대상국의 수요가 충분하지 않다면 독립적으로 사업을 확장하는 데 있어 지속가능성에 위험이 존재합니다. 공급망에 대한 외부 의존도를 다소 줄이고 사업을 다각화하여 친환경 제품 판매에 경쟁력을 갖춘다면 하락하고 있는 매출액의 반등을 기대할 수 있습니다.</td></tr>
</table>

3) 비타민엔젤스

Overview	비타민엔젤스는 '당신이 건강해지는 만큼 세상도 건강해집니다' 라는 슬로건하에 비타민 하나가 판매되면 비타민 하나를 기부하는 서울시 사회적 기업입니다. 취약계층 식단의 정크 푸드화가 가속화되고 있는 상황에서 영양 불균형 문제를 해소하고, 사후약방문 식이 아닌 예방적 차원으로 접근하여 불필요한 의료비 지출을 막으며, 사회 구성원 전체의 건강 수준 향상을 유도하는 것을 목적으로 한 건강기능식품 판매와 건강기능식품 기부를 주요 사업으로 하고 있습니다. 판매중인 건강기능식품으로는 비타민제, 유산균, 오메가3 등 총 7종의 제품이 있으며 건강기능식품의 가격대가 주로 고가임을 감안하여, 중간유통과정을 없애 일반적인 건강기능식품보다 40%가량 저렴한 합리적인 가격에 판매하는 편입니다. 영국 등 선진국에서 검증된 원료만을 사용할 뿐 아니라 원산지를 100% 공개하여 소비자의 식품 안정성에 대한 불안감을 불식시키고 사회적 기업 제품은 저렴한 대신 질이 떨어진다는 기존의 부정적 인식을 완화하여 브랜드 가치를 높이고자 합니다. 굿네이버스와 같은 NGO 및 미혼모 시설, 종합사회복지관 등 100여 곳 이상에 정기적으로 기부하고 있으며, 현재까지 약 10억 원 상당의 비타민이 전달되었습니다. 건강기능식품 시장의 소비자들의 수요 증가로 인한 지속적인 성장에 따라 성장기대감이 있을 뿐 아니라 사회적인 이익을 증진한다는 뚜렷한 방향성이 존재하기 때문에 타 기업과는 차별화된 사업전략이 있어 마케팅 및 규모화가 잘 이루어진다면 큰 매출 상승을 기대할 수 있습니다.

Profile		
	법인명	주식회사 비타민엔젤스
	대표명	김바울
	소재지	서울 서초구 서초대로
	홈페이지	http://www.vitamin-angels.com
	대표 상품 및 서비스	건강기능식품 도소매
	설립 시기	2013.07.

SPC	사회서비스성과 중 '무료, 할인제공', 사회생태계성과 중 '공익활동조직지원' 항목에 해당됩니다. 유통 과정 간소화를 통해 값비싼 건강기능식품을 저렴한 가격에 구매할 수 있도록 합니다. 비타민엔젤스는 소비자가 구매하는 양과 정확히 같은 양을 기부하여 소비자가 기부결과를 더 쉽게 알 수 있습니다. 또한 사회적 취약계층도 같이 건강

<table>
<tr><td></td><td>해진다는 것을 소비자가 직관적으로 체감할 수 있게 한다는 특색이 있습니다. 나눔 비타민 판매가 일정량 이상 이루어지면 기부 전문기관인 NGO 단체와 협업하여 기부 지역을 선정하고 지역 내 시설에 비타민을 기부합니다. 지속적인 도움을 위해 해당 시설이 비타민이 정말 필요한 곳인지, 장기적인 관계로 이어질 수 있는지 파악하여 장기적 공익활동을 통한 가치 창출을 도모하고 있습니다.</td></tr>
<tr><td>Performance</td><td>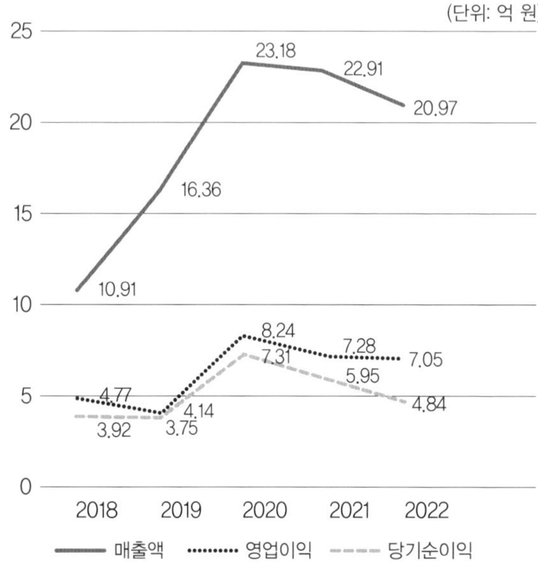
</td></tr>
<tr><td>Risk</td><td>브랜드 가치가 차지하는 영향이 큰 건강기능식품 시장 자체의 위험이 존재합니다. 특히 소비자들은 건강기능식품에 대해 브랜드 정착 경향이 강하기 때문에 기업들 간 경쟁성이 강하고, 상장 기업들의 매출 점유율이 높다는 점을 주의해야 합니다. 위험을 피하기 위해 대외적으로 긍정적인 사회적 가치를 창출한다는 사실 등으로 건강한 이미지의 브랜드를 형성하는 것이 필요합니다. 그뿐만 아니라 공급망, 유통망의 확보에 있어 원료의 가격 변동 등으로 인한 위험 역시 관리가 필요합니다.
개별 기업에 대한 위험으로는 가격 경쟁력에 대한 위험이 존재합니다. 높은 수익성보다는 사회적 가치에 더 큰 목표를 두고 있기에 높은 매출액 대비 낮은 영업이익을 보이고 있습니다. 낮은 가격으로 충분한 시장 경쟁력을 확보하기 위해서는 큰 규모의 생산설비를 통한 생산량 증대가 동반되어야 합니다.</td></tr>
</table>

4) 만드로 주식회사

<table>
<tr><td rowspan="7">Overview</td><td colspan="2">부분 손 절단장애인을 포함한 상지 절단으로 인해 의수를 착용해야 하는 환자들을 위해 전자 의수를 제작하는 기업입니다. 기존의 시장에 존재하던 제품이나 솔루션은 기술의 난이도와 복잡도로 인해 한 개의 손가락 조립 유닛이 미국 돈으로 약 1만 달러 정도이고, 네 손가락이 절단된 사람을 위한 전자 의수는 약 4~7만 달러 정도로 비용이 큰 경우가 대부분인 데 반해, 가격차별화를 통한 경쟁력을 확보하고자 하는 기업입니다. 2020년 하반기에 출시한 로봇형 손가락 의수는 기존에 비해 개선된 해부학적 디자인과 더불어 원가를 절감하여 기존 제품 대비 5~10% 정도의 비용으로 구매 가능하도록 공급하고 있습니다. 로봇 손가락 유닛 한 개의 가격은 약 500~1천 달러로 출시할 계획이고, 이를 대부분의 상지 절단장애인들에게 보급하는 것을 목표로 하고 있습니다. 맞춤제작이 필수적인 전자 의수의 특성상 고정적인 매출이 발생하고 있고, 원가를 절감하는 방식에 따라 사업의 확장 가능성이 달려 있을 것으로 보입니다. 고령인구 증가와 만성 질환의 증가, 의료 기기의 디지털화 트렌드, 의료 IoT 시장 규모의 증대로 인해 관련 시장은 지속적으로 성장할 것으로 보입니다. 이에 규모의 설비가 갖추어지고 다각화된 제품을 생산하는 능력이 확장된다면 더 큰 수익을 낼 수 있을 것입니다. 실제로 과학기술정보통신부와 산업통상자원부, 보건복지부, 식품의약품안전처 등이 참여하는 범부처전주기의료기기연구개발사업단이 개최한 '2023년 성과 보고회'에서 유니콘 기업으로 성장할 가능성이 높은 의료기기 기업들에 선정되어 보조금을 수령한 바 있습니다. 최근에는 해당 기업 제품 'Mark 7D'가 CES 2024(국제전자제품박람회) 노인 및 접근성(Aging and Accessibility) 분야에서 최고 혁신상을 수상하는 등 앞으로의 전망 역시 밝다고 할 수 있습니다.</td></tr>
<tr><td rowspan="6">Profile</td><td>법인명</td><td>만드로주식회사</td></tr>
<tr><td>대표명</td><td>이상호</td></tr>
<tr><td>소재지</td><td>경기 부천시 부천로</td></tr>
<tr><td>홈페이지</td><td>http://mand.ro</td></tr>
<tr><td>대표 상품 및 서비스</td><td>3D 프린터, 바이오, 디지털헬스, 기타 의료기기 제조</td></tr>
<tr><td>설립 시기</td><td>2015.04.</td></tr>
</table>

SPC	사회서비스성과 중 '무료, 할인제공', 사회생태계성과 중 '공익활동 조직지원' 항목에 해당됩니다. 기존에 시장에서 높은 가격에 팔리고 있던 제품을 원가 절감과 자체 기술개발 등을 통해 저렴한 가격으로 사회적 취약계층, 특히 중동의 난민 절단장애인에게 공급하고 있습니다. 의료기기, 의료기술에 대한 시장이 확대되고 인체공학적 기술들이 주목을 받고 있음에 따라 이러한 사회적 가치는 더욱 확대될 수 있을 전망입니다.
Performance	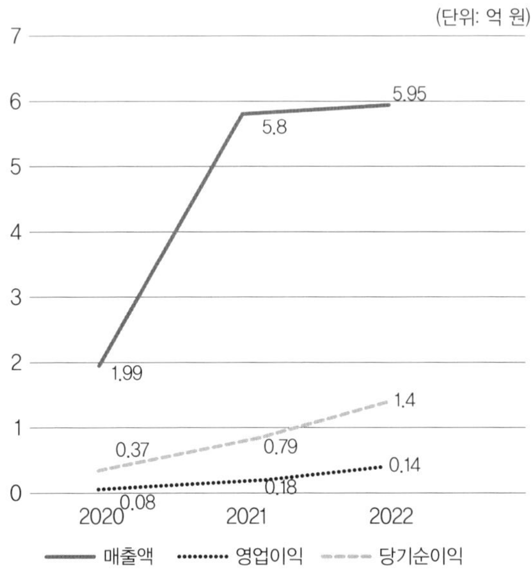
Risk	의료기기 시장에 대한 위험으로는 엄격한 규제가 있습니다. 의료기기 시장은 관련 규제와 많은 인증 과정을 거쳐야 하기에 특히 새로운 기술을 활용한 제품을 시장에 내놓기 위해서는, 많은 비용과 시간을 필요로 한다는 위험이 존재합니다. 그뿐만 아니라 중동의 난민들에게 제품을 공급하는 기업의 특성상 해당 지역에서 경제적 · 정치적 어려움으로 인해 장기적으로 공급망이 유지되지 않을 수 있다는 점에서 주의해야 합니다. 공급망을 다각화하는 등 위험 요소를 분산시키는 방안이 필요합니다.

4.
마치며

사회적 가치를 창출하는 기업들에 대한 투자를 통한 스타트업의 성장은 지속가능한 비즈니스 모델과 사회적 가치 창출의 결합을 통해 새로운 비즈니스 기회를 창출하고, 투자자들에게 의미 있는 영향을 제공합니다. 사회적 기업이 사업 규모, 수익 창출 모델, 전후방 산업 연계 등의 측면에서 동종업계 상장사보다 부족한 점도 많지만, 끊임없는 기술 혁신을 통해 새로운 시장을 개척하고 있습니다. 특히 사회적인 가치를 창출하는 것에 목표를 두고 있기에 일반적인 상장 기업들보다 사회에 미치는 긍정적인 영향에 높은 비중을 두고 투자 가치를 평가하고 있습니다. 앞서 살펴보았던 네 개의 기업, 엔스페이스, 주식회사 요크, 비타민엔젤스, 만드로 주식회사 모두 저마다의 산업에서 재무적 성과뿐 아니라 사회적 가치를 극대화하고자 하였습니다. 특히 기술 혁신, 유통 과정 간소화 등의 과정을 통해 비용을 절감하여 사회적으로 취약한 계층에 제품을 공급하고 있습니다. 이와 같은 제품 판매 과정은 사회 전반적인 삶의 질을 향상시켜 사회적인 안전망과 복지 정책에 들어가는 국가적 비용을 절감하는 데 도움을 줄 수 있습니다. 제품 판매 과정에서 발생하는 시장 리스크, 개별 기업 리스크를 최소화하는 방안을 마련하고 사회적 가치 창출을 극대화한다면 더욱 많은 투자를 받을 수 있을 것이고, 기업의 성장을 통한 사회적 선순환을 도모할 수 있을 것입니다.

저희 팀의 프로젝트는 사회적 기업의 성장이 국가의 경제, 그리고 사회에 미칠 수 있는 유의미한 영향과 변화에 대해서는 구체적으로 제시하지 못한다는 한계 역시 존재합니다. 추후 연구를 통해 실제 임팩트 투자를 받은 사회적 기업의 성장과 해당 기업들이 창출한 가치가 가져온 긍정적 변화를 찾아내어 그 관계를 분석하는 것으로 해당 프로젝트의 완성도를 높일 수 있을 것입니다.

5.
참고문헌

김영겸(2014). "산업특성을 고려한 듀퐁분석과 수익성 예측," 전남대학교 대학원, 석사학위 논문.

김진수(2020.5.12.). "공실 건물, 파티룸, 스터디룸 변신시켜 가치 높인다," 한국경제.

라준영 · 김수진 · 박성훈(2018). "사회성과인센티브(SPC)와 사회적 기업의 사회적 가치 측정: 사회성과의 화폐가치 환산,"「사회적 가치와 기업연구」, 11(2), 133-161.

박대웅(2022.5.3.). "[스타트업 규제 논란] 1: 혁신기업 시장진입마저 막진 말아야," 오피니언뉴스.

박신영(2019.7.27.). "디자인 + IT + 윤리 = YOLK," 아웃도어.

백원선 · 조현우 · 호용익(2004). "자기자본이익률 구성요소와 미래수익성 및 가치관련성,"「경영학연구」, 33(5), 1329-1354.

성지미 · 황준욱 · 안주엽(2014). "소셜벤처 지원을 통한 사회적기업 활성화 방안," 한국기술교육대학교 산학협력단, 5-24.

위평량(2019). "중소기업 중심 경제구조 의미와 개념 및 실체, 그리고 정부정책 방향에 관한 담론적 접근,"「한국경제포럼」, 12(2), 117-144.

윤회 · 노희천(2023). "사회성과인센티브(SPC)가 차기 사회성과에 미치는 영향,"「관리회계연구」, 23(2), 83-112.

이윤정(2023.12.4.). "만드로 주식회사, '부분 손 절단장애인용 로봇 손가락 의수(Mark 7D)' CES 2024 최고 혁신상," 이데일리.

이장균(2017). "국내 벤처기업의 발전 과제와 시사점-혁신 성장과 일자리 창출을 목표로 한 정책 개발 요청,"「VIP Report」, 714(0), 1-15.

이재식 · 김성태(2023). "전이학습기법을 활용한 중소벤처기업 투자 평가 모형에 관한 연구,"「경영컨설팅연구」, 23(4), 269-278.

이철영 · 임창규(2019).「세상을 바꾸는 비즈니스: 임팩트 투자, 투자의 미래」, 서울: 스리체어스.

장하성(2014).「한국 자본주의」, 서울: 헤이북스.

조선비즈(2015.12.17.). "비타민엔젤스 염창환 대표, "비타민 하나 구매하면 하나를 그대로 기부합니다,"" 조선비즈.

하수정(2021.8.16.). ""사회적 기업, 사회성과 인센티브 줘야", 사회적기업학회

하계융합학술 대회," 한국경제.
홍태희(2004). "구조적 과잉축적과 중소기업 중심의 경제구조," 「경상논총」, 30, 129-151.
황원규(2022.11.23.). "혁신기술로 개발도상국 사회문제 해결한다," 조선미디어.

Chapter

02

로스쿨 도입 15년, 예비 법조인의 바뀐 성공 공식은?

| 문민주 · 한은결 |

1. 명예를 좇는 사법고시생, 돈만 좇는 로스쿨생?
2. 직접 만나 인터뷰해 본 현직 법조인과 로스쿨생
3. 법조인, 어떻게 뽑아왔을까?
4. 예비법조인의 선택, 핵심은 보상과 위험
5. 로스쿨 제도 이대로 괜찮을까?

1.

명예를 좇는 사법고시생, 돈만 좇는 로스쿨생?

법조계에 몸담고 있는 판사, 검사, 그리고 변호사 3개의 직역[01]은 오랫동안 부와 명예의 상징으로 여겨져 왔습니다. 이러한 인식 때문에 많은 인문계 상위권 학생들이 법조계로 진출을 희망하기도 합니다. 현대판 과거시험으로 불렸던 사법시험(사법고시의 공식 명칭) 제도하에서는, 인문계 학생들뿐만 아니라 이공계 학생들까지 사법시험 준비에 매달려 '고시 낭인'이란 말이 생겨날 정도였습니다. 현재의 로스쿨 제도하에서도, '리트[02] 낭인'이라는 용어가 등장할 정도로 대다수의 인문계 상위권 학생들이 로스쿨 입학을 위한 법학적성시험 준비에 전념하고 있습니다. 사회 발전에 기여할 수 있는 우수한 인재들이 대거 법조계로 몰리는 상황에서, 그들은 법조계의 어떠한 직역을 선택하여 사회에 이바지하고 있을까요?

역대 사법시험 수석 합격자와 사법연수원 수석 졸업자 97명을 대상으로 한 조사에 따르면, 판사로 임용된 경우가 61명, 검사는 13명, 변호사는 21명으로 조사됐습니다(박지연, 2017). 이는 사법시험과 사법연수원 시절 최상위권에 속했던 예비 법조인들이 대부분 공직, 특히 판사직을 첫 경력으로 선택했다는 것을 보여줍니다.

그렇다면, 현재 로스쿨 세대 예비 법조인들의 직역 선호도도 판검사에 몰려 있을까요? 그렇지 않습니다. 로스쿨 제도하에서 SKY(서울대, 고려대, 연세대) 로스쿨 학생들은 최상위권 예비 법조인으로 간주됩니다. 세계일보 조사에 따르면, 2021년 6대 로펌(김앤장 법률사무소, 태평양, 광장, 세종, 율촌, 화우 법무법인)의 임용 결과에서는 77%가 SKY 로스쿨 출신이었습니다(이희진, 2021). 대형 로펌, 흔히 '빅펌'이라 불리는 이들 6대 로펌은 상위권 예비 법조인의 압도적인 선호도를 받고 있

01 특정한 직업의 영역이나 범위(국립국어원 표준국어대사전, n.d.)

02 법학적성시험(LEET). 법학전문대학원 입학전형의 필수 요소 중 하나로, 법조인으로서 지녀야 할 기본적 소양 및 잠재적 적성을 평가함(법학적성시험, n.d.)

습니다. 로스쿨 재학생 대부분은 로펌을 6대 로펌(빅펌)과 그 외 로펌으로 엄격하게 구분하는 경향이 있는데, 연봉, 복지, 전문성, 규모 등에서 빅펌과 그 외 로펌 간의 차이가 명확하기 때문입니다.

한편, 사법연수원과 로스쿨 제도가 공존했던 시기, 즉 로스쿨 제도가 출범한 2009년부터 사법연수원 마지막 연도인 2018년까지, 예비법조인들의 직역 선호도는 어땠을까요? 이 기간 동안 사법연수원에서 로스쿨 재학생과 사법시험 합격자를 대상으로 한 설문조사 결과, 로스쿨 재학생들은 변호사 직역을 31%로 가장 선호했고, 사법시험 합격생들은 판사를 61%로 가장 선호했습니다(이성진, 2010). 이는 동일한 연도임에도 불구하고, 사법연수원 출신과 로스쿨 출신 간에 선호하는 직역이 달랐음을 보여줍니다. 이 설문조사 결과는 10년도 채 되지 않는 시간 동안 나타난 선호도의 급격한 변화가 단순히 시간의 흐름에 따라 나타난 것만은 아니라는 점을 시사합니다.

로스쿨 재학생들은 경제적 보상을 우선시하는 반면, 사법시험 합격생들은 경제적 이익보다 사회적 명예를 더 중요한 가치로 여기는 것일까요? 사법시험과 로스쿨 제도는 예비 법조인들의 직역 선호에 어떠한 영향을 끼쳤을까요? 또한, 로스쿨 제도는 도입 당시의 정책적 기대에 잘 부응하고 있을까요?

2.

직접 만나 인터뷰해 본 현직 법조인과 로스쿨생

저희 팀은 예비 법조인 및 법조인 20명을 대상으로 심층 인터뷰를 실시하였습니다. 이를 통해 법조인이 되고자 하는 동기, 희망하는/선택한 직역과 희망/선택 이유, 직역 선택을 위한 노력과 과정에서의 고민점을 살펴보았습니다. 또한, 특정 직역을 희망하거나 선택하는 과정 속에서 사법연수원과 로스쿨 제도가 미친 영향도 조사했습니다. 이와 함께, 임용 과정, 연수원과 로스쿨이 제공하는 교육과정과 프로그램 등에 대해서도 깊이 있게 탐구했습니다.

특정 직역을 선호하는 이유뿐만 아니라, 선호하지 않는 이유에 대해서도 자세히 조사했습니다. 이 과정에서 사법연수원과 로스쿨 재학 중 직역 선택에 영향을 미칠 수 있는 경험(예: 로펌에서의 사전 채용, 사적인 만남 등을 통한 로펌과의 접점)이 있는지도 파악했습니다.

저희 팀은 2023년 10월 20일부터 11월 29일까지 약 한 달간 총 20명의 예비 법조인 및 현직 법조인과 심층 인터뷰를 진행했습니다. 본 연구의 목적은 법조인의 직역 '선호도'를 조사하는 것이므로, 현직 법조인과 함께 로스쿨 재학 중인 예비 법조인도 분석 대상에 포함했습니다. 인터뷰 대상은 현직 법조인 6명과 로스쿨 재학생 14명으로 구성되었습니다. 본 연구는 특히 예비 법조인 중에서도 상위권 인재의 선호도에 초점을 맞추었기 때문에 SKY 로스쿨 재학생들을 중심으로 인터뷰 대상을 선정했습니다. 그러나 다양한 관점을 포착하기 위해 비SKY 로스쿨 재학생들과의 인터뷰도 일부 포함했습니다. 〈표 1〉은 출신 교육기관(사법연수원, SKY 로스쿨, 비SKY 로스쿨)으로 구분한 인터뷰 대상자 20명의 소속 분포입니다. 사법연수원 출신 현직 법조인 4명은 모두 사법연수원 성적이 상위권이었으며, 이 중 3명이 판사이고 1명은 빅펌 변호사입니다. 따라서, 이들은 상위권의 직역 선호도 변화를 조사하겠다는 연구 목적에 부합하는 대상자들이라고 볼 수 있습니다.

표 1 면접 대상자 출신 교육기관 및 직역 분포

출신 교육기관	현직 법조인			로스쿨 재학생	계
	판사	검사	로펌 변호사		
사법연수원	3	0	1	0	4
SKY 로스쿨	0	0	2	13	15
비SKY 로스쿨	0	0	0	1	1
합계	3	0	3	14	20

현재 로스쿨 재학 중인 14명에 대해서는 선호 직역을 조사해 아래 〈표 2〉에 정리하였습니다. 여러 직역 사이에서 고민하고 있는 경우, 1순위 직역을 기준으로 집계했습니다. 빅펌의 경우, 2학년 1학기 여름방학에 사전 채용 과정인 컨펌이 종료됩니다. 이미 2학년 1학기를 지나 빅펌 채용 과정에 참여했으나 채용에 실패한 경우에도 빅펌 변호사를 1순위로 선호한다면 선호 직역을 빅펌 변호사로 집계했습니다.

표 2 로스쿨 재학생의 선호 직역 분포

선호 직역	인원
빅펌 변호사	8
인권 변호사	2
검사	2
재판연구원(로클럭)	2

3.

법조인,
어떻게 뽑아왔을까?

2008년에 「법학전문대학원 설치 · 운영에 관한 법률(로스쿨법)」이 제정되며, 한국의 법조인 양성 및 선발 체계에 큰 변화가 생겼습니다. 이전에는 단판의 사법시험을 통해 법조인을 선발했으나, 고시 낭인의 대량 발생과 대학 교육의 질적 저하 문제가 지적되었습니다. 로스쿨법의 도입은 이러한 문제를 해결하려는 목적에서 출발했습니다. 법률에 따라 법조인 양성 권한이 국가 기관인 사법시험 및 사법연수원에서 민간 대학이 운영하는 로스쿨로 이관되었습니다. 자연스럽게 판사와 검사 선발 방식도 변화하게 되었습니다.

그림 1 | 사법시험 및 사법연수원 제도하의 법조인 선발 과정

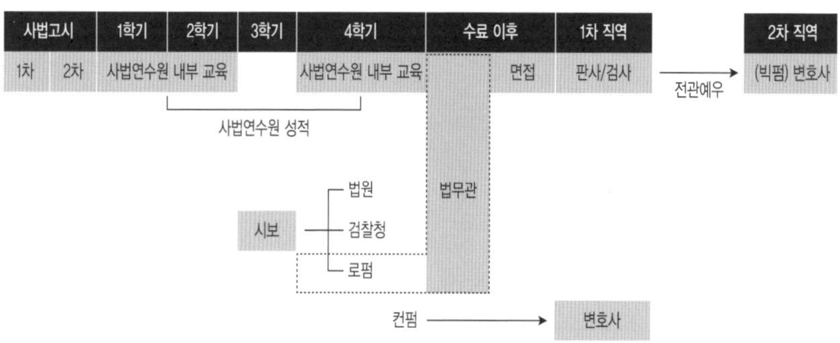

먼저, 사법시험과 사법연수원을 통한 법조인 양성 및 선발 과정을 살펴보겠습니다. 사법연수원에 입학하기 위해서는 두 차례의 사법시험을 통과해야 합니다. 사법연수원에서의 연수는 총 4학기 동안 이루어지며, 현직 판사와 검사 위주로 구성된 교수진이 강의하고, 이에 기반한 시험을 치르는 방식으로 진행됩니다. 사법연수원의 독특한 점 중 하나는 연수원생들이 3학기 동안 '시보'라는 실무 수습 프로그램에 참여하게 된다는 것입니다. 이 기간 동안 모든 연수원생은 의무적으로 법원, 검찰청, 로펌에서 각각 2개월씩 실무 경험을 쌓아야 합니다. 그러나 당시 로펌에서의 실무 수습은 큰 의미가 없었습니다. 대부분의 연수원생은 서류만 제출하면 원하는 로펌에서 실무 수습을 할 수 있었고, 로펌 측에서는 졸업 요건을 충족하기 위한 최소한의 출석만 요구했습니다. 사법연수원의 최종 성적은 사법시험 2차 성적과 4학기 동안의 성적을 합산해 결정되며, 법조 자격은 추가 시험 없이 사법연수원 수료자 모두에게 부여됩니다.

사법연수원 시기의 직역 선택은 사법연수원 최종 성적에 기반하여 이루어진다고 봐도 무방합니다. 성적이 높은 순으로 판사, 검사, 변호사 순서로 직역을 선택하는 것이 일반적이기 때문입니다. 판사와 검사 임용에는 별도의 면접 절차가 있었지만, 이는 형식상의 절차에 가까웠습니다. 한편, 변호사 직역은 주로 '컨펌'이라는 비공식적 경로를 통해 채용되었습니다. 컨펌은 일종의 사전 채용 과정으로, 법조인 자격을 취득하거나 판검사 시험에 응시하기 전에 우수한 인재들을 입도선매하는 방식이었습니다. 로펌은 컨펌을 위해 주로 두 가지 방법을 통해 사법연수원생들에게 접근했습니다. 첫 번째는 실무 수습을 온 학생들과 관계를 형성하는 것이었고, 두 번째는 사법연수원 성적 정보를 통해 상위권 연수원생들에게 미팅을 제안하는 메일을 보내는 것이었습니다. 이들의 관계에서 갑의 위치에 있는 것은 사법연수원생들이었습니다. 로펌들은 연수원생들과의 관계를 유지하기 위해 다양한 방법을 동원했습니다. 연수원생과 지속적인 식사자리를 가지거나 엄청난 규모의 물질 공세를 퍼부었습니다. 연수원생 한 명과의 술자리에 10명의 로펌 변호사들을 대동하는 경우도 있었습니다. 이러한 노력은 사법연수원 수료 후 법무관으로 복무하는 기간에도 가족 여행을 보내 주거나 생활비를 지원해 주는 등의 방식으로 계속되었습니다.

한편, 판사나 검사로 근무하던 법조인이 공직에서의 경험을 바탕으로 변호사로 직역을 전환하는 경우도 적지 않습니다. 이들은 '전관

그림 2 | 로스쿨 제도하의 법조인 선발 과정

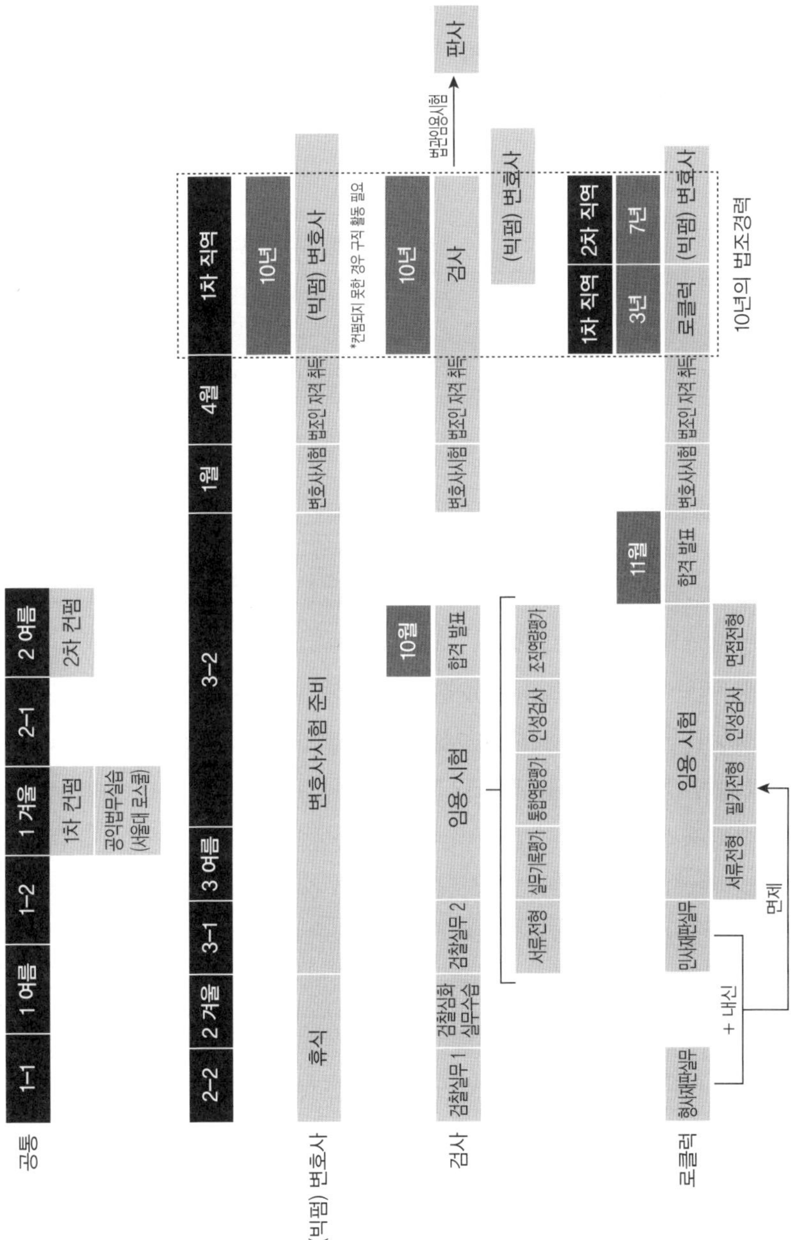

예우'[03]라는 이점을 누리기도 합니다. 한국 사회의 민주화가 진전되면서 그 정도가 점차 줄어들고 있다고는 하지만, 공직에서 민간 부문으로 이동한 이들이 전관예우를 받는 경우는 여전히 존재합니다.

로스쿨은 사법연수원과 달리 3년간의 교육 과정을 제공합니다. 로스쿨 입학은 학점, 법학적성시험 점수, 그리고 어학 성적을 기반으로 결정되며, 입학 후에는 기초 법학부터 공부하게 됩니다. 현직 판검사를 위주로 교수진이 구성되었던 사법연수원과 반대로, 로스쿨에서는 오히려 법조인 출신 교수를 찾아보기 어렵습니다. 변호사 시험 합격이 법조인으로서의 기본 요건이 되므로, 학생들은 변호사 시험에 적합한 교육을 제공하는, 즉 '변시적합성'이 높은 강의를 선호하는 경향이 있습니다.

로스쿨 학생들은 1학년 겨울방학과 2학년 여름방학에 로펌, 공익재단, 헌법재판소, 법원 등에서 인턴십을 진행합니다.[04] 로스쿨 학생들에게 이러한 인턴십은 직무 경험을 쌓는다는 의미도 있지만, 특히 로펌 취업을 위한 '컨펌' 과정의 일환으로 간주됩니다. 빅펌 취업은 대부분 인턴십 동안 보여준 과제 수행 능력을 기반으로 진행되는 컨펌을 통해 이루어지기 때문입니다. 그렇기에 로펌 외의 다른 선택지가 존재함에도 불구하고 절대적 다수의 학생들이 오직 로펌 인턴십만을 선택합니다. 서울대 로스쿨의 경우, 컨펌 경쟁의 과열을 방지하기 위해 1학년 겨울방학 동안의 로펌 인턴십을 금지하고 있습니다. 컨펌을 받고 나면 내신 성적의 중요성이 크게 감소하기 때문에 컨펌을 받은 학생들

03 사법절차에서 판사, 검사, 헌법재판관, 경찰관 등의 관련 공직에서 퇴직하여 개업한 지 얼마 되지 않은 변호사(전관 변호사)가 선임된 경우, 그렇지 않은 변호사가 선임된 경우보다 수사나 재판의 결과에 있어서 부당한 특혜를 받거나, 절차상의 혜택을 받는 현상(고려대학교 산학협력단, 2018).

04 소수 로펌은 2학년 겨울방학에도 인터십을 진행합니다.

은 로스쿨 졸업 전까지 변호사 시험 준비에만 매진합니다.

공직을 준비하는 학생들은 다음과 같은 과정을 거치게 됩니다. 여기서 공직은 검사와 재판연구원(로클럭)을 의미합니다. 재판연구원은 2013년 법조일원화[05] 정책이 도입되면서 새롭게 생긴 직역입니다. 이 제도는 법관 임용 시 10년 이상의 법조 경력을 필수로 요구하며, 다양한 사회 경험과 배경을 가진 법조인을 판사로 임용함으로써, 사법부에 대한 국민의 신뢰를 높이려는 목적에서 시작되었습니다. 법조일원화 정책의 도입으로 인해 로스쿨 졸업 직후 바로 판사로 임용되는 것이 불가능해졌습니다. 대신, 법원에서 판사를 보조하고 판사 업무를 직접 경험해 볼 수 있는 새로운 직역, 재판연구원이 생겨났습니다. 재판연구원은 3년 계약직이며, 판사 업무를 경험해 볼 수 있는 유일한 기회입니다.

공직 준비 과정은 컨펌이 마무리되는 시기인 2학년 2학기부터 본격적으로 시작됩니다. 재판연구원 임용을 위해 필수로 수강해야 하는 민사재판실무와 형사재판실무, 그리고 검사 임용을 위해 필수로 수강해야 하는 검찰실무 1, 2와 검찰심화실무수습 과목이 모두 이 시기에 개설됩니다. 이 과목들은 로스쿨 내부의 '내신' 경쟁이 아닌, 전국적인 경쟁을 통해 성적이 매겨지는 과목들입니다. 이후 공직 임용을 위한 별도의 시험 준비가 시작되는데, 이는 별도의 임용시험이 존재하지 않았던 사법연수원 시절과는 다른 점입니다. 공직 임용시험과 변호사 시험 일정 사이에 시간이 많지 않기 때문에, 학생들은 보통 두 시험 준비를 병행하게 됩니다.

사법연수원 시절과 마찬가지로, 직역 전환을 시도하는 법조인이

05 법관을 일정 경력의 변호사 자격자 중에서 선발하는 제도. 충분한 사회적 경험과 연륜을 갖춘 법관이 재판을 할 수 있도록 함으로써 법원이 국민으로부터 신뢰와 존경을 받을 수 있도록 하기 위해 도입됨(대한민국 법원, n.d.)

다수 존재합니다. 법조 경력 10년을 채운 변호사, 검사, 재판연구원은 판사 임용시험에 응시할 자격을 갖게 됩니다. 첫 직역을 변호사나 검사로 선택한 경우, 추가적인 이직이나 직역 전환 없이도 판사 임용에 도전할 수 있습니다. 반면, 재판연구원은 3년 계약직이기 때문에 재판연구원과 변호사 두 직역을 거쳐야만 판사가 될 수 있습니다.

4.
예비법조인의 선택, 핵심은 보상과 위험

1) 사법연수원

2) 로스쿨(법학전문대학원)

앞서 언급했듯이, 출신 교육기관이 사법연수원인지 로스쿨인지에 따라, 동일한 연도임에도 불구하고 직역 선호도에 큰 차이가 있었습니다. 이러한 차이는 제도의 변화 때문에 나타난 것일까요? 저희는 직역 선호도 변화의 기준을 사법연수원과 로스쿨 제도로 설정하고, 두 제도 아래에서 예비 법조인이 특정 직역을 선택하는 이유를 보상과 위험의 관점에서 살펴보았습니다.

1) 사법연수원

A. 공직이 가져다주는 큰 보상: 전관예우를 고려한 기대소득

공직 선택은 종종 경제적 보상을 포기하고 명예를 추구하는 삶을 선택하는 것으로 여겨집니다. 그러나 공직, 특히 판검사로의 진출이 반드시 경제적 보상의 포기로 이어지는 것은 아닙니다. 물론 초기에 얻을 수 있는 경제적 보상은 빅펌 변호사에 비해 적을 수 있습니다. 실제로 빅펌에서도, 이러한 사실을 활용하여 판검사를 희망하는 상위권 연수원생들에게 끊임없이 러브콜을 보냅니다. 빅펌들은 사법연수원 성적 정보를 입수한 뒤 상위권 연수원생들에게 개인적으로 연락합니다. 그들은 고액 연봉 등을 제안하며 상위권 연수원생들을 사법연수원 수료 직후 공직 임용이 아닌 빅펌 채용으로 유도합니다. 그럼에도 불구하고, 앞에서 살펴본 사법연수원 직역 선호도와 실제 임용 결과에서 확인할 수 있듯이 상위권 대다수는 고액 연봉을 제시한 빅펌보다 공직을 선택합니다. 한 연구 참여자는 여러 차례 빅펌으로부터 러브콜을 받았지만 모두 거절한 후 판사 직역을 선택했으며, 당시 판사로 임용된 동기들도 비슷한 경험을 했다고 말했습니다.

과연 이들은 경제적 보상보다는 판검사로서의 명예를 중요하게 여겨서 공직을 선택한 것일까요? 반은 맞고, 반은 틀립니다. 사법연수원 수료 직후 판사로 임용되었던 어떤 연구 참여자는 빅펌에서 수백억이 오가는 사건을 담당하는 것보다, 아무리 작은 사건이더라도 판사로서 자신의 법적 지식을 총동원해 이성적 판단을 바탕으로 법적 결정을 내리고 사건을 해결한다는 것이 판사 직역의 매력이라고 말했습니다. 즉, 판사는 법정의 주재자로서 사회에 기여할 수 있는 명예로운 직업이라는 것입니다.

그러나 이들이 오로지 명예만을 추구해 공직을 선택하는 것은 아닙니다. 빅펌 변호사는 로펌에 입사하여 신입 변호사 때부터 높은 수익을 얻을 수 있습니다. 반면, 공직을 선택하는 경우 당장의 보상은 적을 수 있으나, 공직 경력을 바탕으로 변호사로 이직할 경우 더 큰 경제적 보상을 기대할 수 있습니다. 즉, 전관예우를 통해 더 큰 소득을 얻을 것이라는 기대도 공직을 선택하는 이유 중 하나입니다. 전관예우란, 판사나 검사가 변호사로 개업할 때, 공직 경력을 인정 받아 소송에서 유리한 대우를 받게 되는 현상을 의미합니다. 연구 참여자들은 사법연수원을 수료한 후 바로 변호사가 되는 것보다, 판검사로 일정 기간 재직한 후 변호사로 이직했을 때의 소득이 훨씬 높을 것이라고 입모아 말했습니다. 결국, 이러한 '더 큰 보상', 즉 생애소득을 고려하여 공직을 선택하는 것입니다.

사법연수원을 수료한 직후 판사로 임용된 한 연구 참여자는, 법관이 되었을 때 당장의 임금은 낮을지라도, 변호사로 이직하는 것까지 고려했을 때의 생애소득이 훨씬 높다는 암묵적인 기대를 바탕으로 법관직을 선택했다고 밝혔습니다. 당시, 사법연수원 내에는 이러한 암묵적 기대를 따르는 분위기가 형성되어 있었다고 합니다.

또 다른 연구 참여자는 사법연수원 수료 후 판사로 임용되어 현재까지 약 25년간 법관으로 재직 중인데, 변호사로 이직하고자 했으나 적절한 타이밍을 놓쳤다고 말했습니다. 실제로, 빅펌에서는 판사 출신 인력을 스카우트하기 위하여 노력을 기울이고 있습니다. 검사의 경우, 부장검사가 되어야 빅펌으로의 이직이 가능해지기 때문에 많은 이들이 부장검사가 되기 위해 노력합니다. 판검사 출신이 변호사로 이직할 경우, 판검사 경력이 큰 이점으로 작용해 변호사로 시작했을 때보다 더 높은 소득을 기대할 수 있습니다. 따라서 사법연수원 수료 후 공직을 선택한 사람들이 단순히 명예만을 추구해서 공직을 선택한 것이 아니라, 장기적인 생애소득을 고려하여 해당 직역을 선택한 것이라고 볼 수 있습니다.

B. 공직을 선택했을 때의 적은 위험

■ 판검사 양성 기관으로서의 사법연수원

사법연수원 시절 공직 임용 절차에는 별도의 임용시험이 존재하지 않았습니다. 임용 과정은 사법시험 2차 성적, 사법연수원 성적 및 면접을 기반으로 이루어졌기 때문에 성적이 상위권이라면 공직 임용을 위해 별도로 준비할 사항이 없었습니다. 그렇기 때문에 연수원생들은 공직 임용을 본격적으로 준비할지 고민할 필요가 없었습니다. 또한 본인의 성적을 바탕으로 확신을 가지고 임용에 도전했기 때문에 임용에 실패할 가능성도 매우 낮았습니다.

사법연수원의 목표는 유능한 판검사를 양성하는 것입니다. 교수진은 현직 판검사 위주로 구성되며, 시험 형식도 판검사 실무와 밀접하게 관련되어 있습니다. 판검사의 실무는 대부분 기록 작성을 중심으로 이루어지며, 연수원생들은 이러한 기록 작성 능력을 평가하는 기록형 시험을 치르게 됩니다.

빅펌 파트너 변호사로 활동 중인 한 연구 참여자는 사법연수원을 수료한 직후부터 빅펌에서 근무하기 시작했습니다. 그는 연수원 시절부터 변호사 직역을 희망했다고 했습니다. 그러나 연수원의 교육 과정이 판검사 준비에만 집중되어 있고, 변호사 실무를 위하여 준비할 수 있는 것이 없어 공부에 재미를 붙이지 못하였다고 말했습니다.

반면, 판검사는 사법연수원에서 배운 내용이 실무와 직접 연결되므로, 연수 과정에서 습득한 것들을 실제 업무에 활용할 수 있습니다. 판사로 재직 중인 한 연구 참여자는 연수 과정을 통한 지식과 경험을 직접 사건에 적용하여 적절한 판결을 내리는 판사 직역의 특성에 매력을 느꼈다고 말했습니다.

■ 타 직역으로의 전환 가능성: 공직 응시 기회의 시기적 제한

공직은 사법연수원을 수료한 직후에만 선택할 수 있는 경로였습니다. 법조일원화 정책에 따라 법관 임용에 법조 경력이 요구되는 현재와 달리, 사법연수원 시절에는 연수원을 마친 직후 바로 공직에 임용될 수 있었습니다. 신입 법관이나 검사의 채용 규모가 경력직에 비해 압도적으로 컸기 때문에 사실상 판검사는 연수원 수료 직후에만 선택할 수 있는 직역이었습니다.

사법연수원을 수료하고 곧바로 판사로 임용된 한 연구 참여자는 "변호사는 언제든 될 수 있으므로" 빅펌으로부터 수차례 러브콜을 받았음에도 판사직을 선택했다고 말했습니다. 즉, 변호사로의 이직은 공직에 있으면서도 언제든 가능하지만, 공직은 수료 직후에 선택하지 않으면 더 이상 기회가 없을 수도 있다는 것입니다. 수료 직후 바로 판사로 임용된 다른 연구 참여자 역시 빅펌에는 언제든 취업할 수 있지만, 판사가 되는 것은 당장 결정하지 않으면 이후에는 어려워질 것이라고 느꼈다고 했습니다.

즉, 판검사 직역을 선택한 경우 직역이 본인의 성향과 맞지 않는다고 느낄 때 변호사로 이직할 수 있는 유연성이 있습니다. 반면, 변호사로 진로를 결정한 이후에는 그 직업이 자신과 맞지 않는다고 느껴도, 그 시점에서 다른 직역으로의 전환은 사실상 불가능합니다.

2) 로스쿨(법학전문대학원)

A. 공직을 선택했을 때의 적은 보상

■ 전관예우의 불확실성 증가

이 연구에 참여한 로스쿨 재학생들은 대부분 '전관예우'를 받는 것이 예전만큼 쉽지 않다고 느끼고 있었는데, 법조일원화로 인해 판사 임용 시기가 약 10년가량 늦춰진 것 때문이었습니다. 한 연구 참여자는 전관예우를 받기 위해서는 최소한 부장급이 되어야 하는데, 현재는 적어도 50대는 되어야 부장 판사가 될 수 있다고 설명했습니다. 다른 연구 참여자는 전관 경험이 연봉에 미치는 영향은 '케이스 바이 케이스(case by case)', 즉 경우에 따라 다르다고 말했습니다. 그는 이직 후 연봉은 성과에 따라 천차만별일 것이라고 했습니다. 검사를 지망하는 어떤 연구 참여자는 전관예우를 기대하며 공직을 선택한 사람은 본 적이 없으며, 높은 수입을 원한다면 처음부터 빅펌에서 시작하는 것이 낫다고 이야기했습니다. 즉, 사법연수원 출신 법조인은 판검사라는 전관이 변호사로의 이직에 큰 이점이 될 것으로 기대했지만, 현재 로스쿨 재학생들은 전관예우를 기대하며 공직을 선택하지 않는 것입니다. 이러한 인식 변화는 법조일원화 정책 시행 이후 법관 수의 급증으로 전관예우를 기대하기 어려워진 현재 상황으로 인해 나타난 것으로 보입니다.

■ 법조일원화 정책의 효과

현직 법조인들은 빅펌 변호사에서 법관으로 이직할 때 포기해야 하는 것들이 너무 많다고 생각하고 있었습니다. 특히, 법관 임용에 요구되는 '10년의 법조경력'과 10년차 빅펌 변호사에게 주어지는 막대한 보상 사이의 괴리가 크다는 것입니다. 10년차에 이르면 빅펌에서 일종의 경영진에 해당하는 파트너 변호사 직함까지도 달 수 있습니다. 가장 큰 문제는 연봉의 절대적인 액수보다는, 이미 늘어난 지출을 줄이기 어렵다는 점이었습니다.

로스쿨 재학생인 한 연구 참여자는 판사 출신 교수로부터 들은 경력 법관 도전에 대한 이야기를 전해 주었습니다.

"보통 그런 선택(빅펌 변호사에서 판사로의 이직)을 잘 못한다고 하더라고요. 자기 동기들도 그렇고. (중략) 한 번 지출을 늘리기 시작하면 그 지출을 줄이기가 생각보다 훨씬 어려워 가지고 아마도 쉽지 않을 거라고 말씀해 주시더라고요. (중략) 아무래도 봉급이 제일 크죠. 봉급이 4배, 5배 차이니까."

그는 10년간 변호사로 일한 후에는 "돈도 많이 모았을 것이고 판사 월급 자체도 그렇게 적지 않으니" 경력 법관으로 이직하는 것을 고려하고 있다면서도, 실제로 그 시기가 되면 판사 임용에 도전하기 어려울 것이라는 상반된 생각을 보여 주었습니다.

또한, 변호사 경력 10년을 쌓았을 시점에는 대부분 가정을 이루고 자녀 양육에 상당한 비용을 지출하게 됩니다. 따라서 수입이 급격히

낮아지는 판사로의 이직이 더욱 쉽지 않은 것입니다.

■ 취업 준비 과정의 이른 종결

현재 로스쿨 제도에서 빅펌 변호사가 되는 주요 경로는 사전 채용, 즉 컨펌입니다. 컨펌은 1학년 겨울방학과 2학년 여름방학에 실시되는 로펌 인턴십 후에 이루어지며, 인턴십 중의 과제 수행 능력을 기반으로 채용 여부가 결정됩니다. 컨펌의 조건은 변호사 시험을 합격하는 것 단 하나입니다. 따라서, 컨펌이 완료된 학생들은 내신 성적과 같은 변호사 시험 준비 이외의 것들을 더 이상 신경 쓸 필요가 없습니다.

SKY 로스쿨에 재학 중인 한 연구 참여자에 따르면, 컨펌 기간이 끝나면 학교 분위기가 크게 달라집니다. 인터뷰 당시 2학년 시험기간이 일주일밖에 남지 않았음에도 불구하고, 학교가 텅텅 비어 있다고 했습니다. 이미 컨펌이 된 학생들은 이제 내신 성적에 신경 쓸 이유가 없기 때문에 출석조차 하지 않는 것입니다. 이는 로스쿨의 강도 높은 학업 부담 속에서 컨펌이 학생들에게 주는 보상이 매우 크다는 것을 보여줍니다. 어떤 연구 참여자는 빅펌 변호사가 되고 싶은 마음이 크지는 않음에도, 하루 16시간씩 공부만 하다 보면 빨리 컨펌되어 휴식을 취하고 싶어진다고 했습니다. 컨펌 후에는 변호사 시험 준비에만 집중할 수 있는 여유가 생긴다는 큰 장점도 있습니다. 본격적으로 변호사 시험을 준비하는 3학년이 되기 전 휴식 시간을 가질 수 있고, 채용이 확정되었으므로 취업 걱정 없이 변호사 시험 준비에만 몰두할 수 있기 때문입니다.

B. 공직 선택의 큰 위험

■ 학벌 자본으로서의 SKY 로스쿨: 빅펌 취업시장의 일차적 요구조건

빅펌 취업에 있어 학벌은 절대적인 지표입니다. 이는 재판연구원과 검사 선발이 로스쿨 내신 성적과 전국 단위 시험 성적을 합산하여 이루어지는 것과 대비됩니다. 여기서 내신 성적은 각 로스쿨 내 교과과정을 통해 치르는 시험으로, 같은 로스쿨에 재학 중인 학생들 간의 경쟁 결과입니다. SKY 로스쿨 재학생인 한 연구 참여자는 서울대 로스쿨 입장에서는 재판연구원 및 검사 임용 과정이 불공평하다고 지적하며, 공직 임용 과정에 대한 부정적 인식을 내비쳤습니다. 상위권 로스쿨일수록 우수한 내신 성적을 얻기 어렵고, 전국 단위 시험에 학벌에 따른 추가 점수가 존재하지 않기 때문입니다. 재판연구원 및 검사로 임용된 학생들은 SKY 로스쿨 재학생들 사이에서도 '대단한' 사람으로 인식됩니다. 또 다른 SKY 로스쿨 재학생은 "내신 성적이 좋지 않아 공직 시험에 응시할 생각 자체를 못했다."고 밝혔습니다.

"'민사재판실무'하고 '형사재판실무'라는 과목을 들어야 되는데, 그 과목에서 둘 다 A를 받지 않으면 선발 시험 (중략) 응시를 거의 못 한다고 보시면 돼요."

따라서 SKY 로스쿨 재학생이 공직 임용에 도전한다는 것은, 자신이 가진 강력한 학력 자본을 포기하고 아무것도 확정되지 않은 새로운 길로 걸어 들어가는, 위험 부담이 큰 선택지입니다.

한편 빅펌 취업은 사실상 SKY 로스쿨 출신에게만 열려 있다는 것이 연구 참여자들 사이에서 공통된 인식으로 나타났습니다. 한 참여자는 로스쿨의 '이름', 즉 명성이 결정적인 요소라고 언급하며, "서강대 로스쿨에서 모든 과목을 A+로 마친 것보다 서울대 로스쿨에서 모든 과목을 B로 마친 경우가 더 유리하다."고 표현했습니다. 실제로 서울대 로스쿨의 경우 상위 80%의 학생이, 연세대 및 고려대 로스쿨의 경우 상위 40%의 학생이, 그 외의 로스쿨에서는 상위 1~2명의 학생만이 빅펌으로부터 컨펌을 받는 데 성공합니다.

출신 로스쿨 다음으로 중요한 지표는 출신 학부입니다. SKY 로스쿨 내에서도 서울대 로스쿨과 연세대 및 고려대 로스쿨 간의 위계질서가 매우 엄격하게 작동하는 것으로 보였습니다. 서울대 학부 – 서울대 로스쿨 출신, 연고대(연세대 및 고려대) 학부 – 서울대 로스쿨 출신, 서울대 학부 – 연고대 로스쿨 출신, 그리고 연고대 학부 – 연고대 로스쿨 출신 순으로 빅펌 취업 시장에서 유리하다는 것은 로스쿨 재학생들 사이에서 공공연한 사실로 받아들여집니다. 특히, 서울대 로스쿨 선호 경향이 강한 특정 로펌에서는 서울대 로스쿨 재학생들이 인턴십에 참여하지 않는 1학년 겨울방학에는 누구도 컨펌하지 않았다는 소문이 돌았습니다. 로스쿨 재학생 중 한 명은 "선배들이 카르텔을 지키기 위해 설로(서울대 로스쿨)만 뽑는다."며 연세대 로스쿨과 서울대 로스쿨은 마치 다른 직업인 것처럼 여겨진다고 전했습니다.

서울대 로스쿨이라는 학벌은 클라이언트를 설득하기에 절대적으로 유리한 조건입니다. 대다수의 빅펌 클라이언트는 중장년층에 속하며, 서울대 법대가 법조계에서 압도적인 위상을 자랑하던 시절을 경험한 세대입니다. 과거의 서울대 법대에 대응하는 현재의 법조인 양성기관은 서울대 로스쿨로, 한 빅펌 파트너 변호사는 클라이언트의 입장에서 서울대 로스쿨 출신 변호사가 가장 신뢰감을 준다고 언급했습니다. 법무법인이 사건을 수임하여 수익을 창출하는 수주 산업의 특성상, 서울대 로스쿨 출신에 대한 선호는 일종의 산업 생태로 보입니다.

또한 빅펌의 입장에서, 출신 로스쿨과 학부는 지원자들을 가장 빠르고 쉽게 선별할 수 있는 일차적인 지표입니다. 서류 전형만으로 인턴을 선발하는 과정에서, 빅펌 재직자들은 학벌과 성적이 '나름 공신력 있는 자료'라고 판단했습니다.

"실무 수습을 뽑을 때는 서류만으로 보니까, 그런 게(학력 효과가) 더 심화되는 거죠. (중략) 자기가 쌓아 놓은 데이터가 없으니까 결국에는 그 친구들을 평가할 수 있는 가장 큰 거(지표)는 어느 학교 나왔어, 학점은 뭔데, 이게 제일 사실 크기 때문에…"

변호사 시험에 아직 응시하지 않은 학생들에 대한 컨펌 과정에서, 빅펌 재직자들이 참고할 수 있는 객관적 지표는 출신 로스쿨과 출신 학부, 내신 성적뿐이었습니다. 이 때문에, 빅펌들은 SKY 외의 로스쿨에서는 공식 채용 설명회조차 열지 않습니다. 빅펌은 인턴십 참여자에 컨펌을 주는 방식으로 대부분의 신입 변호사를 채용하며, SKY 로스쿨이라는 학벌은 인턴십 선발을 위한 1차적인 요구조건입니다. 이는 SKY 로스쿨 출신이라는 것만으로도 빅펌 취업시장에서 강력한 우위를 차지할 수 있다는 것을 의미합니다.

이로 인해, SKY 이외의 로스쿨 학생들은 빅펌 취업을 위한 단계적 커리어 패스로 재판연구원을 선택하기도 합니다. 한 지방거점국립대학교 로스쿨 재학생은 빅펌 취업에 성공한 학생들에 대해 인맥을 활용했다는 소문이 돈다고 언급했습니다. 이들에게 자신의 학벌만으로 빅펌에 진출하는 것은, 거르고 걸러진 인턴십 참여자들 사이에서 특별히 뛰어난 성과를 내지 않는 한 사실상 불가능한 일로 인식됩니다.

"돈을 많이 버는 것도 하나의 중요한 지표인데, 그러려면 빅펌으로 가야 하는데 이건 지거국(지방거점국립대학교) 로스쿨 입장에서는 힘들잖아요. 경쟁력을 얻기 위해 로클럭(재판연구원)을 하고, 3년 동안 몸값을 올려서 돈을 많이 벌고 싶다고 말하는 사람도 있어요."

이는 비SKY 로스쿨 재학생들에게 재판연구원 경력이 빅펌 취업을 위한 가장 현실적인 대안으로 여겨지고 있음을 보여줍니다. 재판연구원은 판사 지도 아래 판사의 입장에서 판결문을 작성하는 유일한 직역이며, 이 경험은 빅펌 송무팀 입사에 최고의 스펙으로 작용하기 때문입니다. 실제로 어떤 빅펌은 "재판연구원 경험자만을 송무팀 변호사로 채용한다."는 사실이 대내적으로 공유될 정도입니다.

그럼에도 불구하고, 빅펌의 송무 변호사[06]로 입사하고자 재판연구원에 도전하는 SKY 로스쿨생은 없습니다.

"그냥 ○○(빅펌 이름)이면 되지 굳이 ○○ 송무팀을 특정해서 가야겠다고 생각하는 친구들도 잘 없어서…(중략) 그런 전략적인 친구들은 제 주변에서 못 본 것 같아요."

SKY 로스쿨 출신이라는 사실만으로도 빅펌 입사에 상당히 유리하기 때문에, 굳이 재판연구원 경험을 쌓는 것이 불필요하다고 느끼는 것입니다.

컨펌 이외의 빅펌 취업 경로도 사실상 SKY 로스쿨생들에게만 열

---

06 변호사의 업무는 크게 '송무' 분야와 '자문' 분야로 나뉩니다. 송무 변호사는 우리가 흔히 드라마에서 볼 수 있는, 재판에 참석하는 변호사를 말합니다. 즉, 송무업무는 의뢰인을 대리하여 소송을 수행하고 법정에 나가 변론을 하며, 증인신문을 하는 것을 의미합니다. 따라서 재판이 진행되는 법원에서 판사의 업무를 체험하는 재판연구원 경력이 송무 변호사가 되는 데에 큰 이점으로 작용합니다.

려 있습니다. 명확하게 서열화된 빅펌 취업시장의 특성상 이직이 매우 활발한데, 컨펌을 받고 업무를 시작하기 전에 상위 로펌으로 이직을 시도하는 로스쿨생들도 많습니다. 따라서 사전 컨펌이 완료된 후에도 채용 기회는 여전히 열려 있습니다. 중요한 점은 추가 채용이 대부분 컨펌된 사람(컨펌자)들의 추천을 통해 이루어진다는 것입니다. 대부분의 컨펌자가 SKY 로스쿨생이기 때문에, 이들과 네트워크를 형성한 SKY 로스쿨생들을 위주로 추가 채용 기회가 열립니다.

■ 안정적 직장의 포기: 빅펌의 공직 시험 응시 방해

물론 SKY 로스쿨에도 공직을 목표로 하는 학생들이 존재합니다. 공직 진출에 대한 확고한 신념을 가진 이런 학생들은 '클빡이(재판연구원 준비생)'와 '검빡이(검사 준비생)'라고 불립니다. 비교적 가벼운 마음으로 공직 진출을 고려 중인 학생들은 스스로를 '아가리(말로만 공직을 준비하는 학생)'라고 칭하며, '클빡이'나 '검빡이'와 분리합니다. 그런데 '클빡이'나 '검빡이'마저도 대부분 빅펌 컨펌 준비를 병행합니다. 빅펌 컨펌은 이들에게 공직 임용시험의 불확실성에 대비한 일종의 '보험' 역할을 합니다. 재도전이 불가능한 공직 임용시험 준비 과정에서 느끼는 불안감이 크기 때문에, 이를 완화하기 위한 보험이 필요한 것입니다.

"저의 희망사항은 컨펌시켜 놓고, '내가 갈 곳이 있다'는 마음이 좋은 상태를 만들어 놓은 상황에서 아마 로클럭 시험을 준비해 보지 않을까. 그러면 떨어져도 갈 곳이 있으니까."

"검사 준비를 정말 진심으로 하더라도, 선배들이 하는 얘기가 컨펌돼서 돌아갈 곳이 있다는 게 검사 준비할 때 큰 든든한 그런 뒷받침이 된다고 해서 (중략) 어쨌든 컨펌 준비를 해 볼 것 같아요."

이들은 컨펌을 받은 로펌이 있다는 사실만으로도 공직 임용시험 준비 과정에서 큰 심리적 안정감을 얻을 수 있을 것이라고 생각했습니다.

대개 2학년 여름방학에 마무리되는 빅펌 컨펌과 2학년 2학기부터 본격적으로 시작되는 공직 임용시험 준비의 시기적 차이도 컨펌이라는 보험을 들게 되는 주요한 이유 중 하나였습니다.

"실제로 (중략) 검사 준비를 시작한 (2학년) 선배들도 다들 일단 조언은 그래도 2학년 여름방학 때까지는 공부하고 취업만 해 봐라. 왜냐하면 2학년 여름방학 전까지는 사실 검사 준비하는 사람이 형법 열심히 하는 거 말고는 실질적으로 할 수 있는 게 없거든요."

"이번 학기 성적이 나오면 고민하게 될 것 같아요. 그러니까 이번 학기 성적이 나왔을 때 너무 하락했다, 이러면 이제 '(빅펌 변호사와 재판연구원 간의) 비교를 포기해야 될 수도 있겠는데'라는 생각이 드니까."

공직을 목표로 하는 SKY 로스쿨 재학생들에게 1학년부터 2학년 여름방학까지는 일종의 '남는 시간'으로 여겨졌습니다. 재판연구원과 검사 임용에 직접적인 영향을 미치는 과목들(재판연구원의 경우 '민사재판실무'와 '형사재판실무', 검사의 경우 '검찰실무')은 2학년 2학기에 수강하게 되기 때문입니다. 또한, 입학 전부터 공직 진출을 강력히 희망해 온 학생이 아닌 이상, 대부분의 학생들은 이들 과목의 성적을 통해 공직 시험 준비 여부를 결정하게 됩니다.

문제는 한 번 컨펌을 받은 후에 공직 시험에 응시하는 것이 쉽지 않다는 점입니다. 빅펌 간의 인재 선점 경쟁은 필연적이며, 이는 점점 더 치열해지고 있습니다. 법률 서비스를 주요 수익원으로 하는 로펌

생태계에서 '인재'는 가장 중요한 자산입니다. 실제로 대다수 로펌에는 '리크루팅(Recruiting) 변호사'라는 전문 직무가 존재하며, 이들의 성과는 이들이 영입한 인재의 질로 평가됩니다. 한 로스쿨 교수는 빅펌의 컨펌 제도를 '죄수의 딜레마'[07]로 비유하며, 빅펌 입장에서도 실력이 아직 검증되지 않은 로스쿨 재학생을 사전에 채용하는 것이 손해로 보일 수 있으나, 불가피한 선택일 것이라고 추측했습니다. 심지어 어떤 빅펌은 인재를 선점하기 위해 1학년 1학기에 컨펌을 주겠다고 선언하기도 했습니다.

"이번에 인턴을 진행을 안 하고 바로 그냥 신입 변호사로 채용을 하겠다고 선언한 로펌이 있었어요. 근데 사실 저희(로스쿨 재학생들)가 봤을 때는 말도 안 되는 제도거든요."

상황이 이렇다 보니, 빅펌 채용 설명회에서는 경쟁 로펌을 폄훼하는 전략을 취하는 것이 일반적입니다.

"로펌들 (채용) 설명회 했었거든요, 학교에서. 그때마다 서로 까요. 서로 기분 나빠하고. (중략) '거긴 뭐 전문성도 없고 다 똑같아요. 거의 다 꼰대고…' 이런 식으로 대놓고…"

"다른 로펌 깎아내리는 게 좀 웃겨요. 불쾌해서 듣다 나가는 사람도 있어요. 로펌을 다 나라에 비유하는데, 특정 로펌에서 본인을 한국으로 지칭하면서 (중략) 각국의 나쁜 점을 비유하는 거죠. (중략) 한 로펌이 어쏘(Associate Lawyer, 파트너 변호사 밑에서 일하는 변호사로, 주로

07 서로 협력할 경우 가장 많은 이익을 보는 상황임에도, 개인의 욕심으로 인해 서로에게 불리한 상황을 선택하고 마는 상황

저연차 변호사)들이 퇴사를 많이 하니까, '얼마나 굴리냐'(라는 식으로)."

공직 시험에 응시한다는 것은, 합격할 경우 빅펌 입사를 취소하겠다는 의미입니다. 따라서 빅펌 입장에서는 컨펌된 학생들의 공직 시험 응시를 막거나, 필요한 경우 컨펌을 취소하여 다음 순위의 후보자를 신속히 영입해야 합니다. 매년 정해진 채용 인원에 공백을 낼 수는 없기 때문입니다. 공직 임용시험이 다가오면, 빅펌은 '일대일 밀착 관리'에 들어갑니다.

"(검찰 본시험) 전날에 이제 전화가 돌아요. (중략) 내일 본시험인데 혹시나 준비하냐, 시험 보러 가냐, 솔직히 말해도 된다. 걔가 솔직한 성격이라서 보러 간다고 하니까 1시간 동안 통화를 했대요. 1시간 동안 통화하고 엄청 혼나고 끊었는데… (중략)"

"그런(컨펌 이후에 공직 시험에 응시하는 경우) 게 너무 비일비재했어 가지고 이제는 아예 본다는 것 자체만으로 다 (컨펌) 철회를 시켜요. 왜냐하면 검사 발표 전날까지 처리를 안 했다가 마지막 날에 철회하는 친구들도 있어서…"

공직 시험 전날, 컨펌받은 학생들에게 전화를 걸어 공직 시험 응시 여부를 확인하고, 컨펌을 철회하거나 시험 응시를 포기하도록 종용하는 것입니다. 한 번 컨펌을 철회당한 학생이 동일한 로펌에 다시 채용되는 것은 사실상 불가능합니다. 이에 따라, SKY 로스쿨 재학생들은 공직에 임용되기 위해 모두가 선망하는 빅펌 변호사를 포기하고 합격 여부도 불확실한 공직 시험에 응시해야 하는 상황에 직면하게 됩니다.

■ 심리적 부담감:
공직 임용시험 준비와 변호사 시험 준비의 병행

대부분의 로스쿨 재학생들은 공직 임용시험과 변호사 시험을 동시에 준비하는 것에 상당한 부담을 느끼고 있었습니다. 재판연구원이나 검사 임용시험에 합격했을지라도, 변호사 시험에 합격해야 임용이 확정되므로 변호사 시험에 떨어지면 아무런 의미가 없기 때문입니다. 공직 임용에 도전할 수 있는 기회는 한정되어 있기 때문에, 공직 진출을 희망하는 대부분의 학생들이 변호사 시험 준비와 공직 임용시험 준비를 병행하게 됩니다. 그러나 각 시험이 요구하는 지식의 수준과 내용에는 차이가 있습니다. 이에 따라, 공직 임용에 도전하는 학생들이 큰 심리적 압박감을 느끼게 됩니다. SKY 로스쿨은 변호사 시험 합격률이 높은 편이지만, 당사자의 입장에서는 '혹시라도 불합격할 가능성'에 대한 두려움이 큰 부담으로 작용하는 것입니다.

"쫄린다고 해야 되나요? (중략) 가장 위험한 케이스가 검찰 준비했다가 떨어진 케이스가 변시(변호사 시험)에 불합격 되는 사람들 중에 가장 크다는 얘기는 있어요. 아무래도 심리적인 타격도 있고."

변호사 시험은 공법, 형사법, 민사법, 그리고 선택과목 하나로 구성되어 있습니다. 반면, 재판연구원 시험은 주로 민사법과 형사법에 집중하며, 검사 시험은 형사법에 중점을 둡니다. 이러한 차이로 인해 재판연구원 시험 준비 과정에서 공법에 대한 준비가 소홀해지거나, 검사 시험 준비에 집중하느라 민사법과 공법을 제대로 살피지 못할 위험이 생깁니다. 특히 검사 시험의 경우, 변호사 시험과는 다른 형사법의 영역에 중점을 두기 때문에 위험성이 가장 크다고 인식됩니다.

또한 재판연구원 시험과 변호사 시험은 모두 민사법 과목을 포함하고 있지만, 문제 유형에는 큰 차이가 있습니다. 재판연구원 시험에서의 민사법은 기록형 문제로만 구성되어 있는 반면, 변호사 시험은 기록형 문제뿐만 아니라 객관식과 사례형 문제도 포함되어 있습니다. 따라서 각 문제 유형에 대한 추가적인 준비가 요구됩니다. 재판연구원을 고려하고 있는 한 연구 참여자는 이러한 차이로 인한 시간적 압박을 느끼고 있었습니다.

"솔직히 (변호사 시험과 재판연구원 시험 각각에서 요구하는 수준은) 많이 차이 나지 않는데 투입해야 되는 공부 방향성이 좀 다르다고 해야 하나? (중략) (각각의 문제 유형이 달라서) 따로 또 시간을 투자해야 돼서 그게 많이 부담된다고 하더라고요."

변호사 시험과 공직 시험 준비를 병행하다가 가장 중요한 변호사 시험에 불합격할 위험과 그로 인한 결과를 고려할 때, 공직 진출에 대한 확고한 신념이 없는 한 재판연구원이나 검사 임용을 준비하는 것은 어려운 일입니다.

5.
로스쿨 제도 이대로 괜찮을까?

지금까지 살펴본 바와 같이, 사법연수원 시절과 로스쿨 시대의 예비 법조인의 직역 선호도에는 뚜렷한 차이가 존재합니다. 이러한 차이를 단지 시간의 흐름에 따라 사람들이 공직이 주는 명예보다 경제적 보상을 더 우선시하게 되어 나타났다고 단순화하여 설명하기에는 부족함이 있습니다. 동일한 연도임에도 불구하고 사법연수원 출신과 로스쿨 출신으로 나뉘어 선호하는 직역이 극명하게 달라지기 때문입니다. 전자는 판사에 대한 압도적 선호를 보이는 반면, 후자는 변호사, 특히 빅펌 변호사에 대한 압도적인 선호를 보입니다.

지금까지의 선행 연구와 미디어 매체는 대부분 직역 선호도의 변화라는 양적인 측면에만 초점을 맞추었고, 선호도 변화의 근본적인 원인을 탐구하고자 하는 연구는 부족했습니다. 저희는 이러한 점에 주목하여, 법조인과 예비 법조인 20명을 대상으로 심층 인터뷰를 실시하였습니다. 이를 통해 사법연수원 출신 법조인과 로스쿨 출신 (예비) 법조인 간의 직역 선호 동기를 비교 분석할 수 있었습니다.

한국 사회에는 공직을 선호하는 이들이 경제적 부보다는 명예를 추구하는 반면, 빅펌 변호사를 선호하는 이들은 명예보다는 경제적 부를 추구한다는 고정관념이 존재합니다. 이러한 관점에서 예비 법조인의 직역 선호가 변화했다고 추측할 수 있습니다. 그러나 심층 인터뷰 결과, 이러한 분석은 실제 상황과 일치하지 않는 것으로 나타났습니다. 세대를 막론하고 예비 법조인들은 보상을 최대화하고 위험을 최소화하는 전략으로 직역을 선택했습니다. 따라서, 사법고시생은 명예를, 로스쿨생은 경제적 보상을 더 중시한다는 일반적인 고정관념은 사실이라 보기 어렵습니다. 그보다는 모든 세대의 예비 법조인들이 보상과 위험의 메커니즘에 따라 직역을 선택한 것으로 보는 해석이 더 타당할 것입니다.

그렇다면 사법고시생과 로스쿨생이 동일한 보상과 위험의 메커니즘을 따랐음에도 사법고시생은 공직을, 로스쿨생은 빅펌 변호사를 더 선호하게 된 이유는 무엇일까요? 이 질문에 대한 답은 제도적 변화에 있습니다. 사법연수원 제도에서 로스쿨 제도로의 전환과 법조일원화 정책의 도입 말입니다. 앞서 살펴본 데이터에서도 유추할 수 있었듯이, 소속된 법조인 양성 기관의 종류가 상위권 인재들의 직역 선택에 결정적인 요소로 작용한 것으로 보입니다.

사법연수원 제도는 유능한 판검사 양성을 목적으로 했습니다. 교수진은 현직 판검사로 구성되었으며, 교육 과정은 판검사 준비에 특화되어 있어 변호사 준비가 어려운 구조라는 비판을 받았습니다. 이 시기는 법조일원화 정책이 도입되기 전으로, 전관예우가 큰 이점으로 작용했습니다. 전관예우를 받을 수 있는 전관의 수가 제한적이었고, 이를 통해 변호사로 이직하여 높은 수익을 얻는 것이 가능했습니다. 따라서 사법연수원 내에서는 전관예우를 암묵적으로 기대하는 분위기가 있었습니다. 즉, 사법연수원 시절에는 판검사 준비 과정의 위험이 낮았고, 판검사로서의 경력이 상당한 보상을 가져올 수 있었던 것입니다.

한편, 로스쿨 제도의 도입 목적은 양질의 법률 서비스 제공을 위해, 풍부한 교양과 인간 및 사회에 대한 깊은 이해, 자유 · 평등 · 정의를 지향하는 가치관을 바탕으로 법적 분쟁을 전문적이고 효율적으로 해결할 수 있는 법조인을 양성하는 데 있었습니다(「법학전문대학원법」, 2021). 로스쿨 제도는 변호사 양성에 중점을 두기 때문에, 사법연수원의 교육 과정이 판검사 실무에 밀접하게 연결되어 있었던 것과는 달리, 로스쿨에서는 변호사 준비에 유리한 교육 과정을 제공합니다. 법조일원화 정책 도입에 따라 법관 임용에는 10년의 법조 경력이 필요하게 되었습니다. 검사와 재판연구원은 로스쿨 졸업 후 즉시 임용될 수 있으나 별도의 임용시험이 신설되었습니다. 로스쿨 제도로의 전환은 상위권 인재가 판검사가 아닌 변호사 직역을 선택하게 하는 결정적인 요인이 되었습니다.

그렇다면 로스쿨 제도하에서 공직 선택이 불가능한 것도 아닌데, 왜 상위권 학생들은 대부분 빅펌 변호사를 선호하는 것일까요? 빅펌에 채용되면, 학생들은 2학년 1학기 이후부터 변호사 시험 준비에만 집중할 수 있습니다. 그러나 공직 준비를 선택하면, 마지막 학기(3학년 2학기)까지 공직 임용시험과 변호사 시험 준비를 병행해야 하며, 이는 상당한 위험과 부담을 수반합니다. 또한 보상의 측면에서도 빅펌 변호사가 압도적입니다. 하루에 16시간 정도의 공부량을 요구하는 로스쿨 제도 내에서, 컨펌 이후 내신 경쟁에서 벗어나 편안한 마음으로 변호사 시험 준비에만 전념할 수 있다는 점은 로스쿨생들에게 큰 매력으로 다가옵니다. 법조일원화 정책으로 전관의 수가 증가하면서, 전관예우를 기대하며 공직을 선택하는 분위기는 사라졌습니다. 이제 공직을 선택해도 명예 이외에는 큰 보상을 얻기 어렵습니다. 로스쿨 시대는 공직으로 명예와 경제적 보상이라는 두 마리 토끼를 모두 잡을 수 있었던 사법연수원 시절과 다릅니다. 따라서 신입 변호사 때부터 억대 연봉을 받을 수 있는 빅펌의 제안은 예비 법조인들에게 매우 매력적인 선택지가 됩니다.

저희는 연구를 통해 예비 법조인들의 직역 선호도 변화가 단순한 개인적 취향의 변화가 아니라, 제도가 조성한 보상과 위험 메커니즘에 따른 결과임을 밝혀냈습니다. 이제 우리는 예비 법조인들이 공직보다 빅펌 변호사를 선호하는 현상에 대해 질문해야 합니다. 이 현상은 과연 바람직한 것일까요? 우수한 인재들이 공직 진출을 선택하는 것이 더욱 적합하지 않을까요? 이는 공직과 변호사의 선악을 따지는 것이 아니라, 더 근본적인 '공공성'에 대한 문제입니다.

법조계가 영향을 미치는 공간은 공적 영역과 사적 영역으로 나눌

수 있습니다. 공적 영역은 주로 판사와 검사가 활동하는 영역으로, 모든 국민이 접근할 수 있는 법률 서비스를 제공합니다. 사적 영역은 개인이 수임료를 지불하여 이용하는 법률 서비스를 말합니다. 공적 영역에서 제공되는 법률 서비스는 모든 시민이 누릴 수 있어야 하기 때문에, 우수한 인재가 공적 영역으로 진출하여 고품질의 법적 서비스를 제공하는 것이 중요합니다. 공적 영역에서 법원은 새로운 판결을 통해 법적 원칙을 설정하고, 사회 규범을 형성하는 역할을 합니다. 이 과정에서 판사의 전문성과 판단은 법적 지식을 활용해 적절한 판결을 내리는 데 중요한 역할을 합니다. 더 나아가, 법원의 판결은 국민 모두와 국가에 영향을 미치며 사회 변화에 기여합니다. 검사의 역할은 공익을 수호하는 것입니다. 필요한 경우, 검사는 소송을 제기하여 법과 정의를 실현합니다. 검사의 활동은 국가와 사회 전체의 이익을 대변하고 보호하는 데 핵심적인 역할을 합니다. 이와 같이 공적 영역에서 활동하는 법조인은 개인적 성취를 넘어 국가와 사회 전체의 법률 서비스의 질을 향상시키고 공공의 이익을 보호하는 중요한 역할을 수행합니다.

로스쿨 제도와 법조일원화 정책은 법조 서비스의 질적 향상을 목표로 도입되었습니다. 도입 후 다양한 법조 경험을 지닌 법관 및 풍부한 교양과 실무 경험을 갖춘 로스쿨 졸업생을 통해 법률 서비스의 질이 높아질 것이라 기대하였습니다. 그러나 실제로는 이러한 기대와 다르게 사적 영역에서의 법률 서비스의 질만 개선되는 결과를 낳았습니다. 모든 국민이 이용할 수 있는 공적 영역의 법률 서비스의 질적 향상은 상대적으로 더디게 진행되고 있습니다. 로스쿨 제도와 법조일원화 정책의 추가적인 목적 중 하나는 법조인의 선발 및 양성 과정을 개선하는 것이었습니다. 이는 사법시험에 의존한 기존의 시스템이 가져온 문제들, 예를 들어 청년들이 사법시험이라는 단판 승부를 위해 청춘을 바치며, 대학 교육에 집중하지 못하고 신림동 고시촌에 몰려 고시 준비에만 몰두하는 현상을 해결하고자 하는 의도에서 비롯되었습니다. 또한, 실무 경험이 풍부한 법관을 양성하여 법적 분쟁을 더욱 효율적으로 해결할 수 있기를 기대했습니다. 그러나 로스쿨 제도가 도입된 후에도, 대학가에서는 로스쿨 입학을 위한 법학적성시험 준비와 학점 관리에 목을 매는 현상이 나타나고 있습니다. '고시 낭인'의 문제는 해결되지 못한 채, 표현만 '리트 낭인'이라는 용어로 대체된 것입니다. 법조일원화 정책 역시, 다양한 경험을 지닌 인재가 법관이 될 것이라는 기대와 달리 법조 경력 10년이라는 요구 사항이 새로운 부담으로 작용하는 결과를 초래했습니다. 결국, 로스쿨 제도와 법조일원화 정책은 본래의 목표를 달성하는 데 한계를 보이며, 공적 영역과 사적 영역 사이의 법률 서비스 질 격차를 해소하는 데 기여하지 못하고 있습니다.

좋은 인재의 직역 선택은 단순한 개인적 문제를 넘어, 사회 전반에 영향을 미칠 수 있는 중요한 문제입니다. 하지만 현재 그들의 선택은 공공성을 증진하는 방향이 아닌 사적 영역으로 향하고 있습니다. 우리는 이러한 선택을 제도적 요인이 부추기고 있다는 점에 주목해야 합니다. 공적 영역에 진출해야 하는 인재들을 사적 영역으로 유인하는 현재의 법조인 양성 체계가 과연 최적의 시스템인지 검토해야 할 시점입니다.

6.
참고문헌

고려대학교 산학협력단(2018). "전관예우 실태조사 및 근절방안 마련을 위한 연구," 법원 행정처.
박지연(2017). "법조계 수석들, 10명 중 6명이 판사로 임관," 한국일보.
이성진(2010). "로스쿨생 '변호사' 사시합격생 '판사' 선호," 법률저널.
이희진(2021). "'SKY 학부 → SKY 로스쿨 → 대형 로펌 취업' 공식화, 연중기획-끊어진 계층이동 사다리," 세계일보.

법학전문대학원 설치 · 운영에 관한 법률 제2조.

국립국어원 표준국어대사전. (n.d.). https://stdict.korean.go.kr/search/searchView.do?word_no=480452&searchKeywordTo=3.
대한민국 법원. (n.d.). https://judges.scourt.go.kr/appjudge/intro/Unification.work.
법학적성시험. (n.d). https://leet.uwayapply.com.

Chapter

03

강남역에서 신림동까지, 온라인 커뮤니티에 펼쳐진 여성혐오범죄의 재구성

| 유지헌 · 이준영 · 최재성 |

1. 들어가며

1) ‘강남역 살인사건’을 기억하시나요?

2) 혐오범죄의 정의와 혐오범죄를 둘러싼 논쟁

3) 혐오범죄에 대한 사회적 반응 변화 요인

4) 웹 크롤링을 활용한 인터넷 커뮤니티 연구 검토

1) '강남역 살인사건'을 기억하시나요?

2016년 강남역 인근의 주점 화장실에서 여성이 살해당하는 사건이 발생했습니다. 이는 언론을 통해 집중 조명되어 세상에 알려졌고, 어떠한 방식으로 사건을 파악하고 후속 대처 방안을 마련할 것인지를 두고 큰 사회적 · 정치적 파장이 일어났습니다. 페미니즘 진영에서는 강남역 살인사건을 '혐오범죄'로 규정하고, 여성의 일상적 삶의 안전을 보장하기 위한 범사회적 연대를 촉구했습니다(소환욱, 2016). 이에 맞서 일각에서는 가해자와 피해자의 성별에 주목하기보다는 포괄적인 흉악 범죄 차원에서 사건을 이해하고 대처 방안을 제시해야 한다고 주장했습니다(진연수, 2016). 강남역 살인사건을 기점으로 하여 많은 강력범죄들이 '젠더'라는 맥락 속에서 해석되고, 여성을 보호하기 위한 다양한 정책이 수립되고 있습니다. 그럼에도 여전히 여성을 대상으로 한 흉악범죄는 좀처럼 줄어들지 않고 있으며(김진오, 2023), 신생 법률과 제도의 허점에 대한 비판 역시 지속적으로 제기되어 왔습니다.

저희 팀은 강남역 살인사건 이후 발생한 동일 유형 범죄들에 대해서는 시민사회 차원에서 2016년 당시만큼의 강력한 움직임이 감지되지 않고 있다는 경향성에 주목했습니다. 2016년 이후에도 '신당역 스토킹 살인사건(2022)'(이하 신당역 살인사건), '인하대학교 성폭행 살인/과실치사사건(2022)', '시흥동 연인 보복 살인사건(2023)', '신림동 공원 강간 살인사건(2023)'(이하 신림동 강간 살인사건), 그리고 이 밖에도 언론에 보도되지 않았거나 조명받지 못한 수많은 성폭행 및 살인사건이 지속적으로 발생했습니다. 특히 신림동 강간 살인사건은 다분히 자극적인 범행 내용으로 인해 언론에 크게 보도되기도 했습니다. 하지만 해당 사건은 페미니즘 운동이나 연대의 목소리와 같은 사회적 반향을 일으키기보다는, 단지 조회수를 높이기 위한 자극적인 소재로 판매 및 소비되고 있습니다. 저희 팀은 해당 현상에 의문을 가지고, 인터넷 커뮤니티를 중심으로 최근 수년간 '여성혐오범죄'를 둘러싼 사회적 담론이 어떻게 변화했는지 분석해 보고자 합니다.

2) 혐오범죄의 정의와 혐오범죄를 둘러싼 논쟁

혐오범죄: 범행 대상에 대한 직접적인 원한이 범행의 원인이 되는 것으로 해석하는 것이 아닌, '특정 사회 범주 집단'에 속하는 사람들을 표적으로 하여 범행을 저지르는 것(김성천 · 장진영, 2022).

혐오범죄의 표적이 되는 대상은 상대적으로 약자인 집단의 구성원이며, 그 집단에 대한 편견을 기반으로 한 혐오감이 범행 동기로 작용합니다. 즉, 해당 특정 사회 범주 집단에 속하지 않는다면 범죄의 표적이 될 위험성도 없는 것이죠. 여기서 '혐오'라는 학술적인 용어가 '혐오'에 대한 보편적인 정의와는 차이가 있다는 점에 주의해야 합니다. 예를 들어 노인혐오범죄의 경우, 노인에 대한 감정적 '혐오'가 아니라, 노인에 대한 무시 혹은 불쾌한 경험 등에 기반하여 불특정 노인을 표적으로 폭행을 저지르는 것을 말합니다. 여성혐오범죄의 경우, 여성이 아니라면 범죄 피해자가 될 가능성은 없으며, 나아가 '여성'이라는 고유한 정체성이 범죄의 표적이 된 핵심 원인입니다. 남성의 범행으로 인해 여성이 피해자가 된 범죄는 모두 혐오범죄에 해당한다는 의견 또한 존재합니다(허민숙, 2017). 젠더 폭력의 근본 원인이 의식적 혹은 무의식적인 젠더 불평등이라는 점에서, 그리고 여성이라면 언제든 같은 범죄의 대상이 될 수 있다는 점에서 그렇습니다.

"여성에게 무시받는 것 같아서…"

-강남역 살인사건 가해자 의견 진술 中-

이 대목에서 강남역 살인사건의 범죄 대상이 특정 개인이 아닌 특정 사회 범주 집단(여성)이라는 것(유효윤, 2016), 그리고 집단에 대한 가해자의 혐오감을 확인할 수 있으며, 따라서 강남역 살인사건은 여성 혐오범죄로 분류할 수 있습니다.

2022년 발생한 신당역 살인사건과 2023년 발생한 신림동 강간 살인사건 역시 동일한 맥락에서 해석할 수 있습니다. 신당역 살인사건은 스토킹 및 불법촬영 가해자였던 전×환이 피해자 여성의 신고로 인해 기소 및 직위 해제를 당하자, 자신과 피해자의 직장이었던 신당역의 화장실에서 피해자를 보복 살해한 사건입니다. 특정한 여성이 범행 목표로 설정되어 있었고 원한관계가 얽혀 있었다는 점에서 앞서 언급한 강남역 살인사건과는 분명한 차이가 있습니다. 그러나 범행 대상이 여성이고 여성의 신체적 불리함, 그리고 성범죄(스토킹과 불법촬영)로부터 여성을 보호하는 제도의 취약성으로 인해 사건이 발생했다는 점에서, 신당역 살인사건 역시 혐오범죄로 이해할 여지가 존재합니다. 피해자 여성을 스토킹과 불법촬영으로부터, 그리고 신고와 재판 이후에도 가해자에 의한 위협으로부터 보호하지 못해 발생한 사건이기 때문입니다. 실제로 해당 사건이 발생한 후, '직장 내 스토킹'으로부터 여성을 보호하지 못했던 제도의 한계에 대한 사회적 논의가 일어나기도 했습니다(탁경륜, 2022).

하지만 증오범죄와 혐오범죄는 구분될 필요가 있음을 주장하는 측에서는 혐오범죄의 지나친 확대에 대한 우려를 제기하기도 했습니다(김성천 · 장진영, 2022). 보복범죄는 대표적인 증오범죄이며, 범행 표적 대상의 크기가 명확히 좁혀지는데요, 이는 혐오범죄의 대표적인 조건인 '피해자의 대체 가능성'에 부합하지 않으므로, 신당역 살인사건은 증오범죄의 맥락에서 해석될 수 있다는 것입니다. 가해자인 전×환의 범행 동기가 '합의를 해 주지 않았기 때문'이라는 점(김혜인, 2022) 또한 신당역 살인사건을 일반적인 여성혐오범죄로 독해하기 어려운 이유입니다. 실제로 신당역 살인사건은 여성혐오범죄가 아니라는 것이 여성가족부의 공식 입장이기도 합니다(이주빈 · 박지영, 2022). 물론 많은 여성들이 여성가족부의 입장에 대해 비판의 목소리를 냈으며, 트위터(현 'X')를 중심으로 해당 범죄가 여성혐오범죄임을 주장하는 반응들이 나타났습니다(이유진 · 이소영, 2022). 비록 신당역 살인사건이 강남역 살인사건과는 결을 달리하더라도, 여전히 여성혐오범죄라고 인식하는 집단이 있었다는 것입니다. 본 프로젝트의 주안점은 여성혐오범죄 여부를 면밀히 따지는 것이 아니라 커뮤니티의 반응 변화를 포착하는 데에 있기에, 신당역 살인사건에 대한 해석을 두고 발생한 논쟁도 분석의 가치가 충분하다고 판단했습니다.

2023년 신림동 강간 살인사건의 경우, 강간 범행을 목적으로 금속 재질의 흉기인 너클을 사전에 구매하였으며 CCTV가 없는 범행 장소를 장기간 물색한 뒤 여러 곳을 범행 장소 후보지로 설정한 정황 또한 조사 과정에서 드러났습니다. 특히 해당 범행은 강남역 살인사건과 마찬가지로 일면식 없는 여성이 범행 대상이라는 점, 사전에 흉기를 준비하고 익숙한 장소에서 범행을 저질렀다는 점에서 강남역 살인사건과 유사한 죄질의 혐오범죄입니다. 하지만 2016년 강남역 살인사건 당시와 비교해 보면 2022년 신당역 살인사건과 2023년 신림동 강간 살인사건에서 포착된 커뮤니티의 반응에서 페미니즘 진영의 활발한 움직임은 줄고, 범죄 행위 자체의 자극성이나 이데올로기의 형태로 확산된 젠더 갈등은 늘었다고 생각합니다. 따라서 저희 팀은 혐오범죄를 두고 인터넷 공론장에서는 구체적으로 어떠한 양상으로 담론의 변화가 있었는지, 그 변화의 경로를 추적하고자 합니다.

우선, 2016년 강남역 살인사건과 2023년 신림동 강간 살인사건을 기점으로 사회적 분위기의 차이를 생각해 볼 수 있습니다. 신림동 강간 살인사건을 전후로 해서는 남녀를 불문하고 일어난 이상동기[01] 흉악범죄들이 다수 발생했으며(김수언, 2023; 박나은 · 권오균 · 우성덕, 2023), 다른 한편 일련의 교사 자살 사건을 계기로 교권 문제가 가장 중요한 사회적 화두가 되었습니다(유영규, 2023). 이처럼 전반적으로 혼란스러운 사회 분위기를 사회적 반응 변화의 주 요인으로 지목할 수도 있습니다. 즉, 신림동 강간 살인사건은 강남역 살인사건에 비해 '일련의 큰 사건들 중 하나'로 치부될 가능성이 있습니다. 다양한 흉악범죄가 연달아 발생하면서, 언론에서도 특정 사건을 집중 조명하기보다는 여러 사건을 동시적으로 보도했기 때문에 대중들의 시선이 분산되었을 가능성 또한 존재합니다. 하지만 2022년 신당역 살인사건을 포함한, 두 사건 사이에 있던 다른 사건들을 함께 고려한다면, 단지 관심의 분산만이 그 원인이었다고 간략하게 해석할 수만은 없습니다. 그렇다면 어떤 요인이 혐오범죄에 대한 사회적 반응을 변화시켜 온 것일까요?

3) 혐오범죄에 대한 사회적 반응 변화 요인

가장 먼저 지목할 만한 점은, 2016년에 잇따라 열린 대규모 집회 이후 참여자들이 느낀 '정치적 부력감'입니다. 강남역 살인사건은 '강

01 '이상동기범죄(異常動機犯罪)'는 동기가 뚜렷하지 않거나 일반적이지 않은 동기로 불특정 다수를 향해 벌이는 폭력적 범죄를 말합니다. 흔히 '묻지마 범죄'란 용어로 언론 등에서 널리 쓰면서 굳어진 용어를, 경찰이 지난해 1월부터 '이상동기범죄'라는 용어로 명칭을 확정하고 통계를 기록하기 시작했습니다(김종화, 2023).

남역'이라는 장소의 대중성과 '불특정 여성'이 살해당했다는 일반성으로 인해 여성들의 일상적 삶이 위협받고 있다는 위기의식을 환기시켰고, 수많은 여성들이 "나도 당할 수 있다."는 공감과 연대 의식을 바탕으로 거리로 나왔습니다. 이러한 동력을 바탕으로 다수의 집회 및 추모 행진이 진행되었습니다. 이후에도 여성의 일상적 안전을 보장하기 위한 다양한 법 · 제도적 노력들이 있었으나, 여전히 새로운 제도를 만들 때마다 페미니즘 진영과 안티페미니즘 진영이 마찰을 빚고 있을뿐더러(남보라, 2023; 백미록, 2023), 제도의 더딘 발전은 유사한 사건의 반복을 막아내지 못하고 있습니다. 이는 시위 참여자들이 느낄 '정치 효능감'에 큰 제한을 가할 것으로 예상됩니다. 여러 이론적 · 경험적 연구들에 따르면, 정치 효능감은 추후 정치 참여에 있어 핵심적인 역할을 합니다(Seligson, 1980; 김한나, 2016). 따라서 혐오범죄, 여성안전과 관련하여 시위 참여자들이 느낀 정치 효능감의 부재, 다시 말해 정치적 무력감은 이후 반복된 동일한 양상의 혐오범죄들을 정치적으로 의제화시키고 변화의 움직임으로 이어나갈 원동력을 저하시킬 것이라 예측해 볼 수 있습니다.

혹은 이러한 공론장의 변화를 '페미니즘 세력의 후퇴'라는 보다 일반적인 차원에서 바라볼 수도 있습니다. 평론가 박가분은 한국의 페미니즘에 대해 백래쉬가 태동한 맥락을 면밀히 살피지 않고 모든 사회모순을 젠더라는 축으로만 설명함으로써, 일반 대중을 흡수하여 혁명의 동력을 지속하는 일에는 실패했다고 지적했습니다(박가분, 2018). 사회모순에 대한 올바른 판단 기준을 제시하는 것은 본 프로젝트의 목표가 아니지만, 한국의 페미니즘이 점점 더 래디컬화되면서 소위 말하는 '중도 세력'을 흡수하지 못했다는 지적은 검토해 볼 가치가 충분합니다. 박가분은 특히 안티페미니즘 의식이 극에 달한 2030 남성 세대를 포용하지 못한 협소한 페미니즘을 비판했습니다. 실제로 많은 경험적 연구가 페미니즘 진영이 청년 세대 남성을 설득하는 데에 실패했다는 것을 뒷받침하고 있기도 합니다(한국리서치, 2022).[02]

그렇다면 이러한 현상은 비단 남성 사회에만 영향을 미치는 것이 아니라, 중도 성향의 여성 혹은 젠더 문제에 관해 유보적 태도를 취하는 여성들이 페미니즘의 구호를 채택하는 데서 발생하는 부담을 가중시킬 것이라 예상해 볼 수 있습니다. 즉, 안티페미니즘 진영에서도 자신들의 명확한 가치관을 수립하고 2030 남성 대다수를 포섭하기 이전이었던 2016년에 비해서, 페미니즘–안티페미니즘 진영 사이의 가치관 차이가 이전에 비해 훨씬 명백하고 견고해진 2023년에 이르러서는 자신의 가치관을 공표하기가 어려워졌다는 것입니다. 이와 같은 변화의 맥락을 살펴보기 위해서라면 더더욱, 여초 커뮤니티와 함께 남초 커뮤니티도 면밀히 분석해 보는 과정이 필요합니다.

4) 웹 크롤링을 활용한 인터넷 커뮤니티 연구 검토

2016년 강남역 살인사건은 2015년부터 시작된 '여성혐오'라는 개념을 중심으로 한 사회적 · 정치적 담론이 성장하는 계기가 되었습니다(김종열, 2019). 젠더 이슈의 급부상은 이후 '미투 운동'과 '혜화역 시위'(불법촬영 편파수사 규탄시위)를 비롯한 거대한 사회적 움직임을 일으키는 시발점이 되기도 했습니다. 이러한 과정에서 온라인 커뮤니티는 공론장으로서의 역할을 넘어서 구성원들을 결집시키고 현실세계에서 행동하도록 하는 강력한 동력을 제공했습니다(김성진 외, 2019). 남초 커뮤니티를 비롯한 외부 세력들이 페미니즘 진영에 가한 공격과 담론

02 한편, 페미니즘 진영이 2030 남성을 설득해야 하는가에 대한 정치철학적 논쟁이 여전히 존재한다는 점은 지적하고 넘어가도록 하겠습니다.

을 축소하려는 움직임이 오히려 이들의 움직임에 힘을 실어주었다는 점은, 대비되는 두 커뮤니티에 대한 동시적인 분석이 필요함을 보여줍니다.

또한 2016년 당시 여성혐오 담론의 중심에 있던 커뮤니티 〈메갈리아〉 역시 남성 사회에서 사용되던 여성혐오적 정서에 대한 미러링에서 시작되었다는 점에서, 젠더 이슈에 있어 남초/여초 커뮤니티의 연쇄반응은 큰 중요성을 갖습니다. 강남역 살인사건은 그 연쇄반응의 기폭제로, 사건을 두고 일어난 페미니즘 시위에서 이전까지 별다른 주목을 받지 않았던 남성혐오 정서와 남성혐오 표현들이 사회적으로 알려지게 되었습니다. 이는 페미니즘과 안티페미니즘 진영의 정체성을 공고히 하였으며, 이때 '남성혐오'의 정체성 또한 강화되었다는 해석이 존재합니다(이지현, 2019). 남성혐오에 대한 반발로 남초 커뮤니티에서는 올바른 페미니즘과 그렇지 않은 부류를 분리하고, 동시에 본인들의 정체성을 범죄자나 일베로부터 구분하는 논의가 나타났습니다(김수아 · 이예슬, 2017). 자신들도 여성들과 마찬가지로 피해자가 될 수 있기 때문에 잠재적 가해자로 볼 수 없으며, 나아가 여성을 적극적으로 보호하려는 사회정책으로 인해 자신들이 역차별의 대상이 되고 있다고 이들은 주장했습니다. 남성을 사회적 약자로 인식하는 '약한 남성' 담론이 출현한 것입니다.

강남역 살인사건이 일어난 이후 여성혐오 담론과 함께 관련된 연구들이 다수 등장하였고, 온라인 커뮤니티를 중심으로 당시의 여성혐오 담론의 흐름과 온라인 커뮤니티의 반응을 확인하는, 본 프로젝트와 비슷한 방식 · 맥락의 선행연구 또한 찾아볼 수 있습니다(김성진 외, 2019) 해당 연구에서는 포털사이트 '다음'의 여초 · 남초 카페에 올라온 게시글과 댓글을 수집하여 분석했으며, 그 결과 여초 카페는 내부적으로 페미니즘을 학습하고, 외부적으로 여성혐오를 공론화하는 역할을 수행하며, 남초 카페와 담론 경쟁을 벌이고 있음을 제시합니다. 그리고 이러한 담론 경쟁은 혐오 논쟁의 씨앗이 되었고, 본래 목적과는 달리 혐오를 양산하는 결과로 이어졌다고 주장합니다. 해당 연구는 온라인 커뮤니티 분석을 통해 여성혐오 담론에 대한 사회적 반응을 살폈다는 점에서 본 프로젝트의 목적과 궤를 같이합니다. 하지만 단순 빈도수를 통해서 결과를 해석하려 했으며, 시간에 따른 사회적 담론의 변화를 분석하지 못했다는 한계를 가집니다.

저희 팀은 구조적 토픽 모델링을 활용하여 보다 통계에 입각한 접근을 취함으로써, 각 사건 이후 커뮤니티의 반응에 어떤 차이점이 존재했는지 확인해 보고자 합니다. 실제로 구조적 토픽 모델링을 활용하여 인터넷 커뮤니티를 분석한 선행연구 사례들도 존재합니다. 송준모 · 강정한의 연구에서는 게시글의 익명성 정도, 게시글의 작성 시점, 게시판 종류 등을 메타데이터로 활용하여 구조적 토픽 모델링을 수행하였습니다(송준모 · 강정한, 2018). 그 결과 인터넷 커뮤니티의 익명성 정도가 그 커뮤니티의 논의 양상에 미치는 복합적인 영향력을 확인하였고, 커뮤니티 익명성과 커뮤니티 정체성 사이의 연관관계에 대한 유의미한 결론을 도출하였습니다. 저희 팀은 남초/여초 커뮤니티와 연도라는 메타데이터를 활용하여 여성혐오범죄에 대한 사회적 반응과 그 시간대별 변화 양상을 살펴보고자 합니다.

2.
분석방법

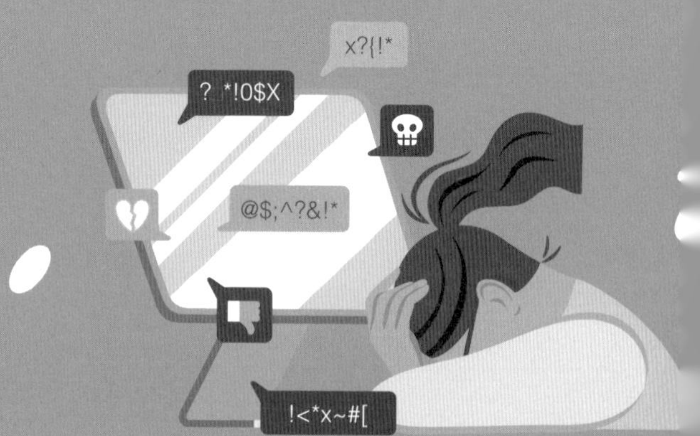

각 혐오범죄들에 대해 시민사회가 어떻게 반응하고 있는지를 확인하기 위해 다차원적인 방법을 활용할 수 있습니다. 설문조사나 면접을 통해 시민 개개인이 사건에 어떻게 반응하고 있는지를 보는 것도 가능한 접근입니다. 하지만 사회적인 '담론'을 연구하는 차원에서는, 여러 행위자들이 공론장에서 어떻게 상호작용하며 소통하고 있는지에 관한 분석이 필요합니다. 이러한 공론장을 포착하기 위한 연구 대상의 하나로써 인터넷 커뮤니티를 조사해 볼 수 있습니다. 앞서 살펴본 바와 같이, 최근 '전자민주주의'라는 용어가 대두될 정도로 인터넷 공론장은 시민들이 서로의 의견을 교환하는 주요한 장소가 되었습니다. 인터넷 커뮤니티에 대한 깊이 있는 이해는 인터넷 커뮤니티라는 특수한 공간을 넘어 사회 전체적으로 어떠한 의견들이 오가는지에 관한 통찰을 제공할 것입니다.

반복되는 혐오범죄에 대해 공론장에서 어떤 논의가 오가고 있는지 확인해 보기 위해 저희 팀은 대표적인 남초 커뮤니티인 디시인사이드와 여초 커뮤니티인 더쿠, 인스티즈[03]를 대상으로 하여 두 커뮤니티에서의 범죄에 대한 반응이 어떻게 나타나고 있으며, 시기별 사건에 따라 어떻게 변화하고 있는지 살펴보고자 합니다. 각 사건과 관련된

03 검색어 트렌드 분석 사이트인 '블랙키위'에 따르면, '디시인사이드'는 성비가 남녀 62:38, '인스티즈'는 97:3, '더쿠'는 95:5입니다. 따라서 '인스티즈'와 '더쿠'는 명확한 여초 커뮤니티로 분류할 수 있습니다. 하지만 '디시인사이드'는 남초 커뮤니티라고 분류하기에 무리가 있는 성비인데, 이는 '디시인사이드' 커뮤니티의 특성과 관련이 있습니다. '디시인사이드'는 연예, 스포츠, 인물, 예술, 학습, 문화, 학문 등 모두 나열하기 힘들 정도로 다양한 분야의 하위 커뮤니티('갤러리')로 구성된 커뮤니티입니다. 때문에 '디시인사이드'는 갤러리에 따라 전혀 다른 인구 집단이 형성되어 있다고 이해할 수 있습니다. 그럼에도 흔히 '디시인사이드'를 남초 커뮤니티로 분류하고는 하는데, 이는 소수의 대규모 여초 갤러리를 제외하면 대다수의 커뮤니티들이 남초 커뮤니티로 이루어져 있기 때문입니다. 이 역시 '블랙키위'의 분석을 통해 확인할 수 있습니다. 이에 따라 본 프로젝트에서는 대규모 여초 갤러리를 배제하고 분석하는데, 구체적인 데이터는 3. 분석 데이터에서 확인할 수 있습니다.

키워드를 중심으로 검색한 커뮤니티 내 게시글과, 게시글에 달린 댓글들을 크롤링한 데이터를 바탕으로 각 사건에 대한 반응을 알아보고자 합니다. 각 혐오범죄들을 놓고 인터넷 커뮤니티에서 전개된 논의의 양상을 파악하기 위해, 게시글과 댓글들이 뿌리를 둔 공통 주제를 추출하고 글들과 주제의 확률적 분포 양상을 파악하는 토픽 모델링 기법을 사용했습니다.

텍스트 데이터의 주제 분포를 분석하기 위해서는 LDA(Latent Dirichlet Allocation, 잠재적 디리클레 할당) 토픽 모델이 보편적으로 사용됩니다. LDA 토픽 모델은 입력받은 텍스트 데이터를 바탕으로 발생빈도가 높은 주제를 추출하고, 주제별 단어 분포를 바탕으로 각 문서에서 어떤 주제들을 함께 다루고 있는지 예측하는 모델입니다. 이때 LDA 토픽 모델은 각 주제의 확률 분포가 서로 독립적인 디리클레 분포임을 가정하고 분석을 수행합니다. 하지만 실제로 각 주제들의 분포는 서로 독립적이지 않은 경우도 많습니다. 이 프로젝트의 관심사를 바탕으로 추측해 보자면, 혐오범죄에 대한 '두려움'이라는 정서를 바탕으로 한 주제는 여초 커뮤니티에서 보다 보편적일 것이고, 반대로 남성을 '잠재적 가해자'로 취급하는 것을 거부하는 수사법은 남초 커뮤니티에서 보편적일 것입니다. 이러한 맥락에서 문서(게시글, 댓글) 이외에도 문서가 작성된 커뮤니티의 속성을 바탕으로 주제의 분포를 달리 추정한다면, 보다 정밀한 토픽 모델을 생성할 수 있을 것입니다.

이를 위해 고안된 기술이 바로 STM(Structural Topic Model, 구조적 토픽 모델) 토픽 모델링 기법입니다. STM 토픽 모델은 텍스트 데이터만 입력받는 LDA 방식과는 달리 각 문서들에 대해 사용자가 별도로 제공하는 메타데이터를 함께 고려하여 주제들이 어떠한 확률분포를 가지고 있는지 분석합니다. 문서의 여러 속성을 고려하여 주제의 분포를 분석하는 데 있어 LDA보다 개선된 방법으로, 인터넷 커뮤니티 분석을 위해서도 활용된 바 있습니다(송준모 · 강정한, 2018). 본 프로젝트의 경우 각 게시글이 작성된 커뮤니티(남초/여초)와 작성된 시점(연도)을 메타데이터로 하는 STM 토픽 모델을 활용하여 남초/여초 커뮤니티의 게시글과 댓글을 분석했습니다.[04]

04 통계분석 프로그램인 R의 'stm' 패키지를 활용하여 STM 토픽 모델링을 수행합니다.

3.
분석 데이터

1) 웹 크롤링

2) 텍스트 데이터 전처리

1) 웹 크롤링

'디시인사이드', '더쿠', '인스티즈' 3개 커뮤니티를 대상으로 텍스트 데이터를 수집하였으며, '디시인사이드'는 남초 커뮤니티, '더쿠'와 '인스티즈'는 여초 커뮤니티로 분류했습니다. 텍스트 데이터는 각 커뮤니티별 댓글과 게시글로서, Python의 Selenium 패키지를 이용하여 크롤링했습니다. 웹사이트의 한계로 인해 모든 게시글을 크롤링할 수는 없었습니다. '디시인사이드'의 경우 게시글을 최신 혹은 정확도 순으로 상위 3천 개만 제공하고 있습니다. '더쿠'와 '인스티즈'는 자체 검색엔진이 없어 google의 '사이트 내 검색' 기능을 활용했습니다. '사이트 내 검색' 기능은 사이트 내의 주요 게시글만 요약하여 사용자에게 반환하기 때문에, 두 커뮤니티의 모든 관련 게시글을 수집할 수는 없다는 한계가 있었습니다. 저희 팀은 이러한 한계를 감수하고 웹 크롤링을 수행했지만, 두 커뮤니티의 특성을 고려할 때 이것이 심각한 문제를 초래하지는 않을 것임을 덧붙이고자 합니다.

'더쿠'와 '인스티즈'에서 특정한 사건을 두고 사용자들끼리 의견을 교환할 때, 보통 기사를 공유하는 게시글 하나에 수십 개 이상의 댓글이 달립니다. 두 커뮤니티에서 게시글은 공론장을 여는 역할에 가깝습니다. 디시인사이드의 경우 이러한 종류의 게시글도 존재하나, 굉장히 짧은 길이로 자신의 의견을 내비치는 게시글이 많고, 이런 게시글에는 댓글도 거의 달리지 않습니다. 즉, 공론장을 여는 게시글보다는 자신의 의견을 피력하기 위해 게시글을 작성하는 경우가 더 많습니다. 게시글당 평균 댓글 수가 이를 뒷받침하는데요, 저희 팀이 웹 크롤링을 수행한 결과, '더쿠'는 게시글당 평균 댓글이 32.7개, '인스티즈'는 20.7개로 나타났습니다. 반면 '디시인사이드'의 게시글당 평균 댓글 수는 4.4개로, 앞의 두 커뮤니티와 비교했을 때 현격한 차이가 있었습니다. 이러한 특성에 근거하여, 여초 커뮤니티의 반응을 조사하기 위해서는 게시글 수십 개만 크롤링하더라도 상당한 대표성을 가질 수 있다고 판단하였고, google의 사이트 내 검색 기능의 한계를 감수하고 웹 크롤링을 수행했습니다.

디시인사이드의 경우 대체적으로 남초 커뮤니티이지만, 몇 개의 메이저 여초 갤러리[05]를 제외하고 분석을 진행했습니다. '우울증 갤러리'도 자살 관련 경고 문구로 인해 크롤링에 어려움이 있어 분석 대상에서 제외했습니다. 한편, 신림동 강간 살인사건의 경우 남초 커뮤니티에서는 '너클남'이라는 단어로 많은 논의가 오간 반면, 여초 커뮤니티에서는 '너클남'이라는 단어가 거의 사용되지 않았습니다. 이러한 현상이 나타난 것은 구체적인 범죄 행위가 주는 공포감으로 인해 여초 커뮤니티 사용자들이 '너클남'이라는 단어에 대해 거부감을 느끼게 되었기 때문이라고 추측됩니다. 이에 따라 해당 사건의 검색어 쿼리를 커뮤니티별로 달리할 필요가 있었습니다. 그리고 크롤링 대상 게시글 작성일자는 분석하기에 충분한 데이터가 모일 정도로 설정했습니다. 과거에 일어난 사건일수록 게시글과 댓글이 삭제된 경우가 많아, 시기적으로 가장 오래된 강남역 살인사건은 다른 사건과 달리 상대적으로 긴 기간(1년 7개월) 동안 작성된 게시글과 댓글들을 크롤링하였습니다. 아쉽지만 특정 주제의 글이 유달리 많이 삭제되었는지는 파악할 방법이 없었습니다.

05 '남자 연예인 갤러리', '여자 연예인 갤러리', '여자 아이돌 갤러리', '기타 국내 드라마 갤러리', '역학 갤러리', '엘소드 갤러리', '미스터트롯 갤러리', '피겨스케이팅 갤러리'

A. 강남역 살인사건

표 1 크롤링 결과 1

	디시인사이드	더쿠	인스티즈
크롤링 대상 쿼리	강남역 살인사건, '강남역 묻지마'		
크롤링 대상 게시글 작성일자	2016.05.17.~2017.12.31.		
크롤링 게시글 개수	1,070	51	89
크롤링 댓글 개수	11,695	1,471	1,810

B. 신당역 살인사건

표 2 크롤링 결과 2

	디시인사이드	더쿠	인스티즈
크롤링 대상 쿼리	신당역 살인사건, '신당역 스토킹', '전×환'		
크롤링 대상 게시글 작성일자	2022.09.14.~2023.03.14.		
크롤링 게시글 개수	2,344	79	78
크롤링 댓글 개수	11,651	2,500	2,051

C. 신림동 강간 살인사건

표 3 크롤링 결과 3

	디시인사이드	더쿠	인스티즈
크롤링 대상 쿼리	'최×종', '신림동 성폭행', '너클남'	'최×종', '신림동 성폭행 ', '신림 강간'	
크롤링 대상 게시글 작성일자	2023.08.17.~2023.09.30.		
크롤링 게시글 개수	3,465	67	111
크롤링 댓글 개수	7,237	2,469	1,901

2) 텍스트 데이터 전처리

정확히 동일한 컨텐츠는 필터링하여 크롤링하였지만, 일부 유저들(디시인사이드)이 약간씩의 변주를 주며 도배를 하였기 때문에, 이에 주의하여 추가적인 필터링 과정을 거쳤습니다. 또한 댓글과 댓글이 달린 게시글의 의견이 각기 다를 수 있다고 판단해 게시글과 각 댓글을 별개의 문서로 보고 토픽 모델링을 수행하였는데, 지나치게 짧은 길이의 문서는 토픽 모델링의 타당성을 저하시키기 때문에 10개 미만의 명사만을 포함한 문서들은 모두 분석에서 제외하였습니다. 그 결과 50,139개의 전체 문서 중 9,497개의 문서가 분석 대상이 되었습니다.

텍스트 분석을 정확히 하기 위해 만든 대체어와 신조어는 각각 부록의 〈표 5〉, 〈표 6〉과 같이 설정했습니다. 대체어와 신조어의 설정 배경은 다음과 같습니다. 우선 저희가 만든 토픽 모델은 해석 가능성을 높이기 위해 세 글자 이상의 단어만 분석에 활용했는데요, 두 글자 이하의 중요한 단어들을 토픽모델링에 반영하기 위해 인위적으로 글자 길이를 늘려서 신조어로 등록했습니다. 남초 커뮤니티에서 사용하는 여성 비하 용어인 '한녀'를 '한국여자'라는 단어로 대체하였습니다. 같은 이유로 '한남'을 한국남자로, '아다'를 '섹스무경험자'로, '일뽕'을 '일본뽕'으로, '찐따'를 '진짜따'로, '강간'을 '강간죄'로 변환했습니다. 그리고 여초 커뮤니티에서 흔히 나타난 '무섭다'는 공포의 표현이 명사가 아니라서 토픽 모형이 감지하지 못하는 문제가 있었습니다. 따라서 관련 표현들('무서워', '소름' 등)을 일괄적으로 '무서움'으로 변환하여 분석했습니다. 자연어 처리가 불가능한 신장(가해자의 개인적 특성과 관련)과 관련된 숫자들은 160~169를 '백육십'으로, 170~179를 '백칠십'으로, 180~189는 '백팔십'으로 변환했습니다.

4.
분석 결과

1) 토픽 추정 및 라벨링

2) 토픽의 분류: 이분화된 토픽 양상 – 가해자 개인 중심 논의 vs
   사건을 막지 못한 사회에 대한 논의

3) 연도별 주제 등장 빈도: 사회정치적 접근의 감소와 개인주의적 접근의 증가

4) 성별 주제 등장 빈도: 잠재적 가해자론에 대한 불만 vs
   잠재적 피해자가 될 수 있다는 공포

5) 연도별 × 성별 주제 등장 빈도: 변화는 양쪽 모두에서

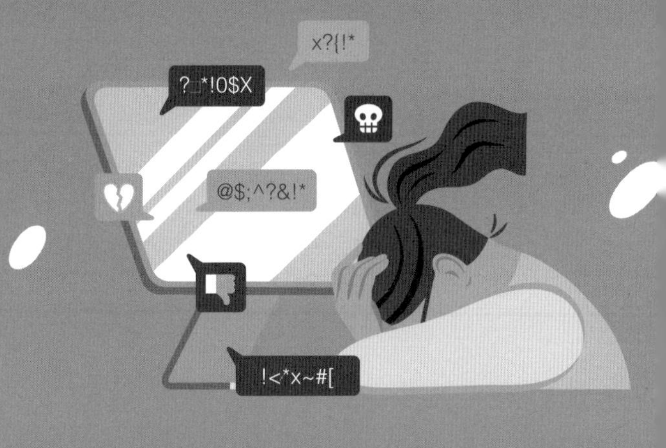

1) 토픽 추정 및 라벨링

STM 토픽 모델링을 통해 11개의 문서 주제를 추정하였습니다.[06] 주제에 높은 빈도로 나타나는 키워드들과 각 주제와 높은 관련성을 가진 것으로 나타난 문서 원본을 고려하여 아래의 표와 같이 각 주제를 라벨링했습니다.

표 4 토픽 리스트

Topic Labelling & Prevalent Topics	
Topic(Proportion) (Label)	Keywords(Frequency)
Topic 7(0.14) (성폭행(신림동 살인사건))	성폭행, 강간죄, 피해자, 피의자, 회계사, 경찰서, 등산로, 지하철, 지난해, 살인자
Topic 9(0.12) (정치권 관련 논의)	더불어민주당, 문재인, 이재명, 대통령, 대한민국, 여성가족부, 정치인, 윤석열, 국민의힘, 한동훈
Topic 8(0.11) (페미니즘 논쟁)	페미니즘, 남성혐오, 디시인사이드, 목소리, 분위기, 여성시대, 메갈리아, 여자라서, 마지막, 마찬가지
Topic 10(0.1) (가해자 특성: 섹스 경험)	최×종, 진짜따, 사형제, 섹스무경험자, 대가리, 백팔십, 히키코모리, 모태솔로, 우울증, 성관계
Topic 4(0.09) (전×환 엘리트론)	전×환, 한국여자, 성범죄, 스토커, 성범죄자, 성추행, 음란물, 마인드, 이은해, 부모님
Topic 2(0.09) (여성혐오 논쟁)	여성혐오, 이미지, 워마드, 인터넷, 쓰레기, 트위터, 열등감, 미러링, 코끼리, 여성인권
Topic 5(0.08) (피해자-가해자 프레이밍)	피해자, 가해자, 정신병, 우리나라, 혐오범죄, 전문가, 그동안, 정신질환, 데이트, 헛소리

06 주제의 개수는 사용자가 사전에 정의한 주제 개수 매개변수(parameter) 값으로 주어집니다. 이 매개변수 값을 정하기 위해서, 우선 'stm' 패키지의 kresult( ) 함수를 활용하여 모델의 타당성이 높아지는 주제의 개수를 몇 개의 후보로 추려냈습니다. 이렇게 구성된 후보군들로 STM 토픽 모델링을 수행한 후, 각 주제의 해석 가능성이 가장 우수했던 11을 매개변수 값으로 지정했습니다.

Topic 1(0.08) (가해자 특성: 신장)	한국남자, 최×종, 백육십, 칼부림, 백칠십, 일본뽕, 도태남, 정치적올바름, 길거리, 전문직
Topic 3(0.07) (전×환 루저론)	범죄자, 살인마, 가능성, 교도소, 변호사, 강력범죄, 성매매, 공기업, 한양대, 이대남
Topic 6(0.06) (범죄 처벌)	무서움, 조현병, 무기징역, 차라리, 아버지, 피해망상, 성희롱, 조두순, 피고인, 여자애
Topic 11(0.06) (페미니즘 문화비평)	이야기, 스스로, 프레임, 커뮤니티, 성차별, 남자친구, 누군가, 일베충, 남성은, 여자친구

Topic 1(가해자 특성: 신장)은 세 사건 가해자들의 신장에 주목하는 논의를 반영하며, 강남역 살인사건의 가해자인 김×수와 신당역 살인사건의 가해자인 전×환이 키가 작아 이성과의 만남에 어려움이 있었고, 이것이 범행 동기와 연결되어 있다는 주장과 관련되어 있습니다. 이와 유사하게 Topic 10(가해자 특성: 섹스 경험)은 가해자들의 신장이나 외모 문제로 인해 이성과의 성관계를 경험하지 못한 것이 범행에 영향을 주었다는 논의를 포함합니다.

[그림 1]은 토픽의 이해를 돕기 위해 STM 패키지를 이용해 그린 그림입니다. 단어의 크기가 클수록 등장 빈도가 높으며, 양 극단으로

그림 1 | Topic 10의 남초/여초 커뮤니티별 키워드 분포

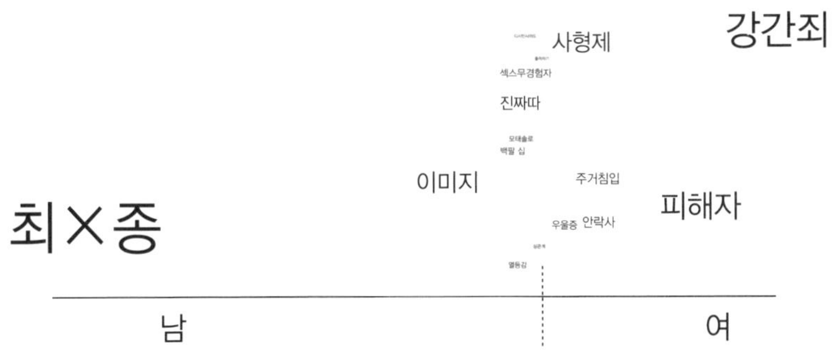

치우쳐져 있을수록 남초/여초 커뮤니티 한쪽에서 상대적으로 등장 빈도가 높은 단어입니다.

Topic 10(가해자 특성: 섹스 경험)에서는 '진짜따(찐따)', '섹스무경험자(아다)', '모태솔로', '성관계' 등, 가해자 개인의 이성 관계를 지목하는 일관된 맥락의 단어들이 높은 빈도로 등장했습니다. '최×종'이 가장 높은 빈도의 단어임을 고려했을 때, 성범죄 행위가 동반되었던 신림동 강간 살인사건이 이런 토픽과 특히 높은 관련성을 갖는 것으로 보입니다. 같은 사건을 두고서도 남초 커뮤니티에서는 '최×종'이, 여초 커뮤니티에서는 '강간죄'와 '피해자'가 주요 단어로 포착되었는데, 여기에는 사건을 '최×종'이라는 범죄자 개인의 일탈로 해석하는 남초 커뮤니티의 경향이 반영되어 있습니다. 이에 관해서는 뒤에서 보다 자세히 논의해 보겠습니다. 이러한 내용을 종합했을 때, Topic 1과 Topic 10은 혐오범죄의 원인을 사회구조에서 찾기보다는 가해자 개인에게서 찾아야 한다는 관점과 관련이 깊다는 것을 알 수 있습니다.

Topic 3(전×환 루저론) 역시 신당역 살인사건의 가해자인 '전×환'의 개인적 특성을 집중적으로 논하는 토픽입니다. Topic 4(전×환 엘리트론)는 Topic 3과 상반된다는 점에서 눈길을 끕니다. 전×환은 명문대 출신의 공인회계사 시험인 CPA의 합격자이기도 합니다. 남초 커뮤니티에는 [그림 2]와 같이 전×환에 대한 공감과 동정의 여론도 존재합니다.[07]

이를 통해 강남역 살인사건의 가해자 김×수와 신림동 강간 살인사건의 가해자인 최×종은 외모, 섹스 경험 등의 차원에서 전적으로 타자화되고 있는 반면, 전×환은 남성사회에서 갈망하는 높은 사회적

07 'stm' 패키지의 FindThoughts( ) 함수를 이용하여 Topic 4와 관련도 높은 문서를 검색한 결과를 인용한 것입니다.

그림 2 | Topic 3 관련 디시인사이드 게시글

지위를 달성한 인물로서 양가적인 반응을 이끌어 내고 있음을 확인할 수 있습니다.

Topic 5(피해자-가해자 프레이밍)는 '피해자'와 '가해자'라는 두 단어를 중심으로 결집된 토픽으로, 인터넷 커뮤니티 사용자들이 세 사건을 해석하는 방식을 명시적으로 보여줍니다. 남초 커뮤니티의 주요 논의는 가해자 개인의 특성에 주목하여, 가해자가 남성이라는 사실의 의미를 최대한 퇴색시키려는 방향성을 보입니다.

[그림 3]은 남초 커뮤니티의 한 이용자가 강남역 살인사건이 남성이 여성에 대해 자행한 혐오범죄라는 해석에 반대하며 사건을 정신이상자의 일탈행위로서 타자화하고 있다는 걸 보여줍니다.

그림 3 | Topic 5 관련 디시인사이드 게시글

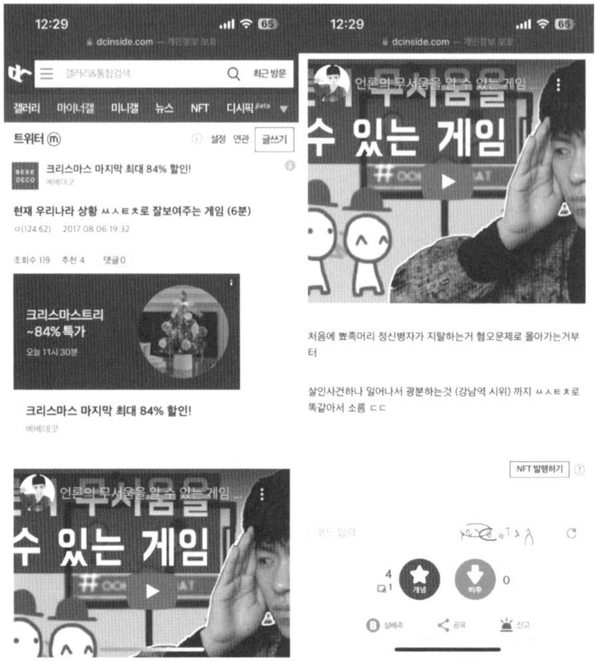

반대로 여초 커뮤니티에서는 [그림 4]와 같이 피해자가 여성이고, 여성이라면 누구나 같은 범죄의 표적이 될 수 있다는 점에 주목합니

그림 4 | Topic 5 관련 인스티즈 댓글

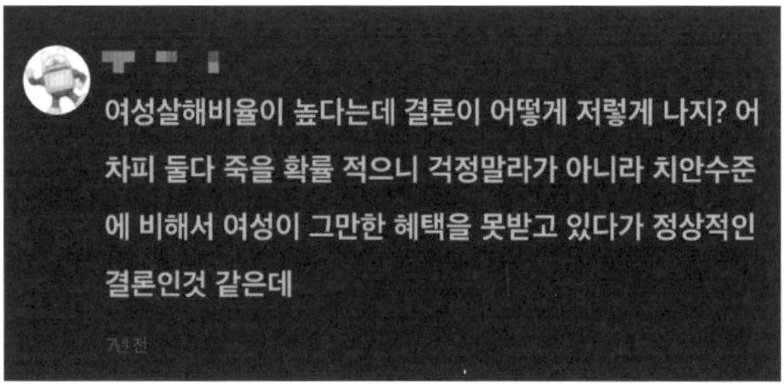

다. 그리고 이런 맥락에서 세 범죄를 혐오범죄로 규정하거나, 적어도 유사한 범죄를 막기 위한 사회 변화의 필요성을 강조합니다.

[그림 5]는 Topic 6(범죄 처벌)에 등장하는 단어 빈도와 관련된 그림입니다.

그림 5 ǀ Topic 6의 남초/여초 커뮤니티별 키워드 분포

여초 커뮤니티에서는 '무기징역'을 위시한 강력한 처벌과 출소 후 전자발찌 부착을 통한 범죄자에 대한 제도적 통제 방안이 논의되는 것으로 나타났습니다. 한편 남초 커뮤니티에서는 범죄자의 처벌과 관련된 정치적 인사이자 현 보수 정권의 아이콘 중 하나인 한동훈 현 법무부장관을 중심으로 처벌 논의가 전개되고 있었습니다. Topic 6(범죄 처벌)은 여초 커뮤니티에서 보다 등장빈도가 높은 토픽인데요, '무서움'이라는 단어가 토픽 형성에 확률적으로 가장 크게 기여한 데서 알 수 있듯이, 범죄자들이 다시 사회로 풀려나 범행을 저지르는 데에 대한 공포 및 불안감과 직접적인 관련성을 보입니다.

Topic 2(여성혐오 논쟁)와 Topic 8(페미니즘 논쟁)은 본 프로젝트에서 다루는 세 사건을 바라보는 젠더적 관점과 깊은 관련이 있습니다. Topic 2는 구체적으로 해당 범죄를 '여성혐오범죄'로 규정할 수 있는지를 두고 벌어지는 논쟁인데요. [그림 6]과 [그림 7]은 Topic 2와 관련도가 높게 나타난 문서의 예시입니다.

그림 6 I Topic 2 관련 디시인사이드 게시글

그림 7 I Topic 2 관련 인스티즈 댓글

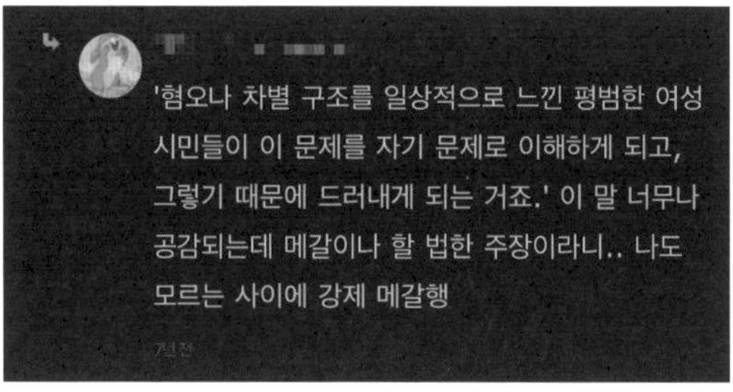

한편 Topic 8(페미니즘 논쟁)은 세 범죄를 둘러싼 페미니즘 이슈 전반에 대한 논의입니다. 구체적인 양상은 다양하게 나타났는데, 여기에는 사건(특히 강남역 살인사건) 발생 이후 시위를 전개한 페미니스트들에 관한 논의, 신림동 강간 살인사건과 관악구의 여성정책을 둘러싼 페미니즘적 논의(남보라, 2023) 등이 포함됩니다. '페미니즘'이라는 개념과 관련 있는 모든 이슈들이 이 단어를 중심으로 결집되어 토픽을 형성한 것으로 보입니다.

Topic 9(정치권 관련 논의)는 사실상 더불어민주당에 관한 것이라 볼 수 있습니다. 이 토픽은 더불어민주당과 당의 아이콘(문재인, 이재명)들이 젠더 이슈에 대해 취하는 태도와 깊게 관련되어 있습니다. 세 사건이 페미니즘과 젠더라는 차원에서 조명될수록, 페미니즘에 우호적인 태도를 보이는 더불어민주당과 주요 인사들은 비난 혹은 지지의 대상이 됩니다.

나머지 두 토픽인 Topic 7(성폭행(신림동 살인사건))과 Topic 11(페미니즘 문화비평)은 정확히 어떤 양상의 논의가 벌어진다고 해석하기는 어려운 토픽으로, 앞으로의 논의에서는 거의 언급되지 않을 것입니다. Topic 7은 신림동 강간 살인사건과 관련된 토픽임은 명확하지만, 주로 다양한 기사의 인용과 적은 의견 제시로 구성되어, 커뮤니티 사용자들이 해당 토픽에서 어떤 의견을 주고받고 있는지는 확인하기 어렵습니다. 해당 토픽이 STM 토픽 모델링에 의해 하나의 독자적 토픽으로 구성될 수 있었던 이유를 추측해 보자면, 신림동 강간 살인사건이 세 사건(또는 세 범죄) 중 유일하게 범죄 행위에 성폭행이 포함된 사건이었기 때문입니다. 해당 토픽의 주요 단어는 '성폭행'과 '강간죄(강간)'인데, 빈도수는 높으나 나머지 두 사건(강남역 살인사건, 신당역 살인사건)과는 하나로 묶일 수 없어 별도의 토픽으로 선정된 것으로 보입니다. 마지막으로 Topic 11에서는 페미니즘적인 관점에서 TV 엔터테인먼트를 비평하는 글들이 관련 문서로 나타났습니다. 연예인○○○, 드라마 ○○○○○[08] 등에 대한 비평문들이 강남역 살인사건을 언급하여 크롤링 대상에 포함되었고, 다른 토픽들과는 전혀 다른 내용을 논의하고 있어 별도의 토픽으로 선정된 것으로 보입니다. 따라서 Topic 11은 사실상의 연구목적상 관련성이 낮은 것으로 판단하여 앞으로의 논의에서 제외하려 합니다.

2) 토픽의 분류 : 이분화된 토픽 양상 – 가해자 개인 중심 논의 vs 사건을 막지 못한 사회에 대한 논의

이와 같이 구축된 토픽 모형을 전체적으로 보면, 세 사건을 바라보는 관점의 '층위'에 따라 토픽을 두 종류로 분류할 수 있습니다.

A. 가해자 개인을 중심으로 사건에 접근하는 관점

Topic 1(가해자 특성: 신장)과 Topic 10(가해자 특성: 섹스 경험)은 신장이 상대적으로 작거나 사회적 기준에서 벗어난 외모를 지닌, 연애와 섹스 경험이 없는 '비정상인의 일탈행위'라는 측면에서 범죄를 바라봅니다. Topic 3(전×환 루저론)과 Topic 4(전×환 엘리트론) 역시 하나의 사건에 집중된 논의이기는 하지만, 세 사건을 아우르는 토픽으로서는 가해자 개인으로부터 출발하는 논의로 보아야 합니다. 가해자 개인(individual)에게 초점을 맞추는 접근이기 때문에, '개인주의(individualism)'의 이론적 의미와는 무관하게 '개인주의적 접근/논의'로 해당 관점을 명명하도록 하겠습니다.

08 강남역 살인사건 관련 커뮤니티 텍스트 데이터 수집 대상 기간인 2017년에 방영된 드라마였기 때문에 크롤링된 것으로 추정됩니다.

B. 사회적 · 정치적으로 사건에 접근하는 관점

Topic 2(여성혐오 논쟁), Topic 5(피해자–가해자 프레이밍), Topic 8(페미니즘 논쟁), Topic 9(정치권 관련 논의)가 해당됩니다. Topic 2, Topic 5, 그리고 Topic 8은 젠더 이슈를 직접적으로 다루며 혐오범죄 사건에 사회적인 의미를 부여하는 주제들입니다. 한편 Topic 9는 정치권이 젠더 이슈에 접근하는 방식과 관련된 논의로서 혐오범죄 사건과 정치를 연결짓고 있습니다. 이러한 맥락에서, 그리고 개인주의적 접근과 구분되게끔, '사회정치적 접근/논의'로 해당 관점을 명명하도록 하겠습니다.

[그림 8]은 각 주제가 하나의 문서에 동시에 등장하는 확률을 기반으로 작성된 주제들 간의 의미연결망[09]인데, 이에 비추어 볼 때도 위와 같은 분류는 타당성을 가집니다.

이는 Topic 7을 '성폭행(신림동 살인사건)'으로, Topic 11은 '페미니즘 문화비평'이라고 라벨링한 것과도 일맥상통합니다. Topic 7은 강간과 성폭행과 관련성이 높기 때문에 다른 토픽과는 같은 문서에 등장하기 어렵고, Topic 11은 범죄와의 직접적인 연관성은 없더라도 사회적 · 정치적인 이슈에 대해 논의하는 토픽이기 때문에 위와 같은 그림처럼 나타납니다.

여기에 추가적으로, '사회연결망 분석(Social Network Analysis)'의 '브로커(brokerage)' 개념을 도입하여 [그림 8]을 이해하는 새로운 시각을 한 가지 제공하고자 합니다.

09 연결망은 각 주제쌍(pair)의 결합확률분포를 바탕으로 하여, 각 주제의 correlation에 대한 MAP(Maximum A Posterior) 추정량에 의해 작성되었습니다.

그림 8 | 주제 의미연결망[10]

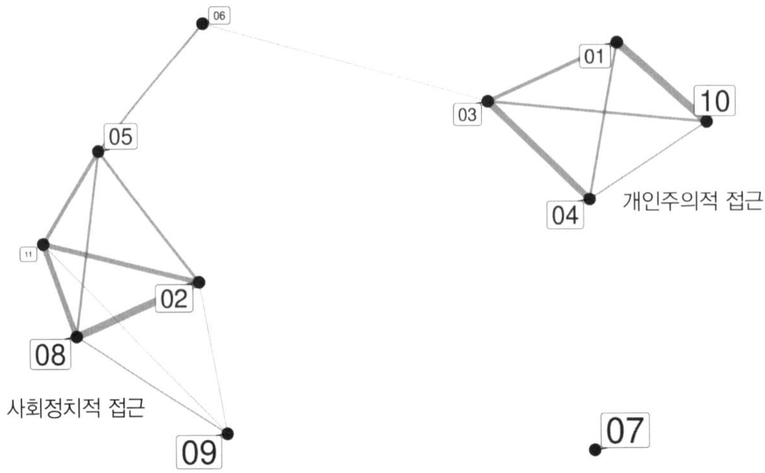

브로커(brokerage): 연결망분석(network analysis)에서 최근 주목받는 개념 중 하나입니다(Fernandez & Gould *et al.*, 1994). 서로 밀집한 노드들 한가운데 있는 토픽이 그 응집된 집단(cohesive subgroup)으로부터 보다 강력한 영향을 받는다면, 여러 개의 응집된 집단들을 매개하는 위치에 있는 노드는 서로 이질적인 집단들을 연결하는 역할을 수행할 수 있습니다. 연결망 이론에서는 이러한 위치와 역할을 통틀어 '브로커'라 칭하고, 연결망분석을 활용한 다수의 최근 연구에서는 이러한 브로커 위치에 있는 노드의 특성과 역할에 주목하여 논의를 전개합니다(Youm *et al.*, 2021).

[그림 8]의 연결망에서 사회정치적 접근과 개인주의적 접근이 이루어진 토픽 집단들을 매개하는 브로커는 Topic 6(범죄 처벌)입니다. 여기서 '매개'는, 브로커가 양쪽 접근 모두와 높은 상관관계를 보인다

10 의미연결망 그래프와 아래의 시간에 따른 토픽 등장 빈도 그래프는 R의 stminsights 패키지를 이용하여 작성되었습니다(Schwemmer, 2021).

는 것을 의미합니다. 즉 브로커 개념을 기반으로 보았을 때, '범죄 처벌'이라는 화두는 범죄자 개인에 주목하는 주제, 범죄를 막지 못하는 사회를 비판하는 주제 모두와 관련이 있다는 것입니다. 그렇다면 어떤 방식으로 양쪽과 관계를 맺고 있는지 밝혀낼 필요가 있습니다. 혐오범죄를 바라보는 두 가지 상이한 접근 방식은 앞으로의 분석과 논의에서 매우 중요하기 때문에, 이를 매개하는 Topic 6의 잠재적인 역할에 대해서도 언급하고 넘어가도록 하겠습니다.

3) 연도별 주제 등장 빈도: 사회정치적 접근의 감소와 개인주의적 접근의 증가

stm 패키지는 메타데이터의 (범주형) 변수 값에 따른 각 주제의 등장빈도의 차이를 파악하는 회귀모형을 구축하는 기능도 제공합니다. 모형을 통해 작성연도(year)와 성별(sex)이 주제의 등장빈도에 어떤 영향을 미치는지 살펴보았습니다. 결과로 도출된 회귀분석표는 부록의 〈표 7〉에서 확인할 수 있습니다. 회귀분석 결과는, 작성연도와 성별은 대부분의 주제의 등장빈도에 유의한 차이를 일으킨다는 것을 보여줍니다. 그렇다면 어떤 방향으로 등장빈도 차이가 발생하고 있는지 보아야 할 텐데요, 먼저 시간에 따른 변화를 살펴보겠습니다. 변화의 구체적인 방향성을 파악할 수 있는 시각화 그래프는 다음과 같습니다.

그림 9 | 작성연도별 주제 등장 빈도

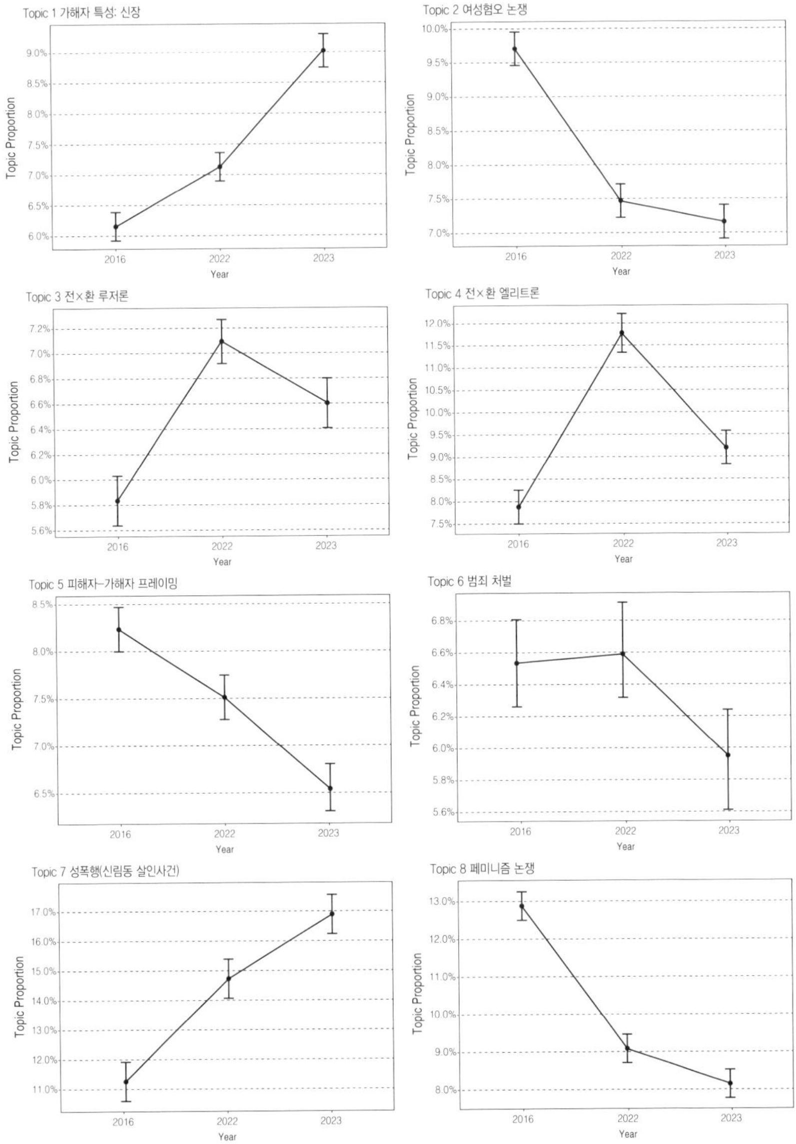

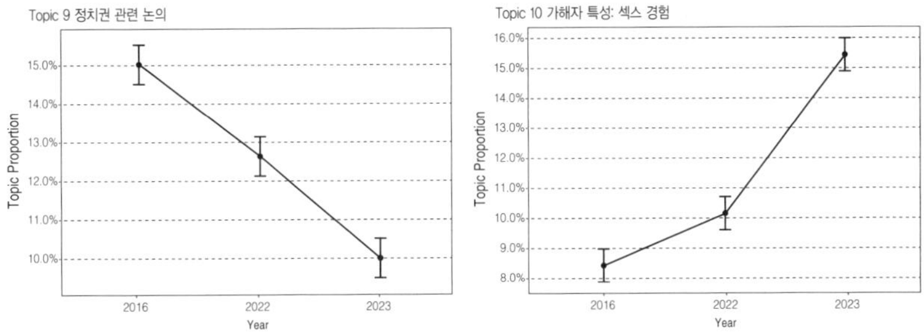

회귀분석 결과와 함께 [그림 9]를 살펴보면, 혐오범죄에 대한 사회정치적 접근과 관련된 주제의 등장 빈도는 감소하는 추세임을 알 수 있습니다. Topic 2(여성혐오 논쟁), Topic 5(피해자-가해자 프레이밍), Topic 8(페미니즘 논쟁), 그리고 Topic 9(정치권 관련 논의) 모두 감소세를 보이며, 회귀분석표에 따르면 이러한 감소 추세는 통계적으로 유의미합니다. 반면, 가해자 개인에 초점을 맞추는 개인주의적 접근 방식은 그 빈도가 시간이 지남에 따라 증가하고 있습니다. 우선, Topic 1(가해자 특성: 신장)과 Topic 10(가해자 특성: 섹스 경험)에 주목하는 논의의 빈도가 점점 높아지고 있음을 확인할 수 있는데요, 특히 Topic 10은 상승폭(%p)이 가장 큰데, 이러한 맥락의 논의는 성폭력 범죄의 책임을 '가해자와 연애관계/성관계를 맺어 주지 않은' 여성들에게 전가한다는 점에서 큰 우려를 불러일으킵니다. Topic 3(전×환 루저론)과 Topic 4(전×환 엘리트론) 역시 전체 문서들을 아우르는 토픽으로서는 가해자 개인에 주목하는 토픽으로 이해할 수 있는데, 신당역 살인사건과의 관련성이 가장 높은 토픽이기 때문에 사건이 발생한 2022년에 정점을 찍지만, 2023년 역시 2016년보다는 높은 빈도를 보이고 있습니다. 따라서 범죄에 대한 개인주의적 논의는 증가세에 있다고 결론 내릴 수 있습니다.

두 가지의 상이한 추세는 혐오범죄를 막지 못하는 사회적 모순에 대한 논의의 빈도가 줄어들고 있음을 보여줍니다. 이러한 변화의 원인은 무엇일까요? 범죄에 대한 사회적 · 정치적 차원의 관심이 줄어들고 있기 때문일까요, 아니면 반복되는 혐오범죄에 대한 정치적 움직임에도 불구하고 여성을 보호하기 위해 힘쓰지 않는 사회로 인한 정치적 무력감 때문일까요? 혹은 젠더갈등이 극심해져 가는 사회에서 정치적 의견을 피력하는 데에 부담을 느끼기 때문일까요? 후속 연구를 통해 추가적으로 원인을 규명할 필요가 있어 보입니다.

4) 성별 주제 등장 빈도: 잠재적 가해자론에 대한 불만 vs 잠재적 피해자가 될 수 있다는 공포

다음으로 남초/여초 커뮤니티 사이에 존재하는 주제의 발생 빈도 차이에 대해 살펴보겠습니다. [그림 10]은 각 주제의 등장 빈도를 나타냅니다.

남초/여초 커뮤니티의 비교에서 가장 두드러지는 특징은, 앞서 개인주의적 접근으로 분류한 토픽들이 여초 커뮤니티에 비해 남초 커뮤니티에서 통계적으로 유의하게 나타났다는 사실입니다. 이러한 경향성의 원인은 가해자와 같은 성별을 가진 남성들이 범죄를 '자신들의 문제'로 받아들이기를 거부하기 때문일 것이라고 추측해 볼 수 있습니다. 앞서 논의한 바와 같이, 혐오범죄의 해석을 두고 벌어지는 정치적 갈등은 어제오늘의 일이 아닙니다. 2016년 강남역 살인사건 이후, 피해자에 공감하고 일상 전반에 두려움을 느끼는 여성들과, 그에 공감하기보다는 자신들을 '잠재적 가해자'로 인식하는 수사법을 두고 지속적인 갈등이 발생했습니다(장근욱, 2021; 인현우, 2021). 이런 맥락에서 남초 커뮤니티에서는 세 범죄 사건의 가해자가 남성이라는 점에 주목하

그림 10 | 남초/여초 커뮤니티별 주제 등장 빈도

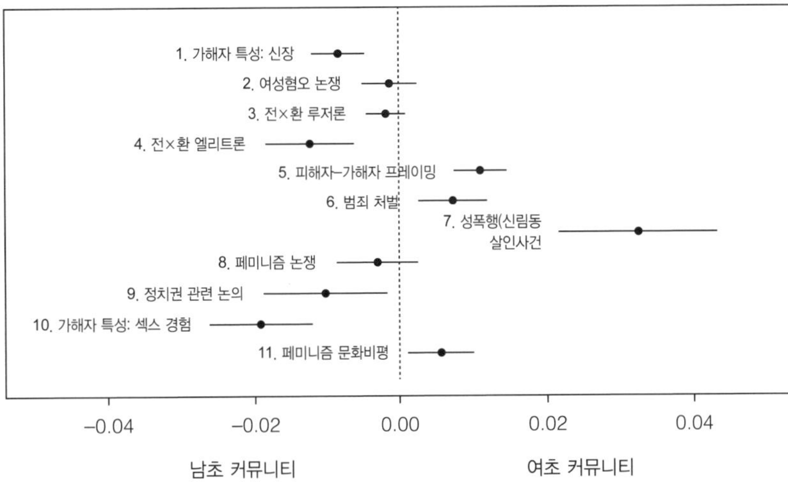

고 사건의 가해자층을 '남성'으로 지목하는 관점을 거부하고, 대신 가해자의 정신건강, 외모, 성관계 경험 등 개인의 인격적 결함에 초점을 맞춥니다. 그리고 범죄 행위를 '남성'이 아니라 소위 '사회적으로 도태된 루저'들이 저지르는 일탈행위로 타자화합니다. 이와 같은 관점에서 본다면, 명문대 출신의 CPA 합격자인 전×환은 '루저'에 대한 통상적인 정의와는 거리가 먼 인물이고, 그가 저지른 범죄를 일관된 맥락에서 받아들일 수 없던 인식론적 갈등이 Topic 3(전×환 루저론)과 Topic 4(전×환 엘리트론)로 이분화되어 나타났다고 해석할 수도 있습니다.

남초 커뮤니티에서 범죄 행위의 타자화를 위해 가해자 개인에게 집중된 논의를 주로 주고받는다고 한다면, 본 프로젝트에서 사회정치적 접근으로 분류한 Topic 9(정치권 관련 논의)가 남초 커뮤니티에서 더 자주 등장한다는 결과는 언뜻 이질적으로 보일 수 있습니다. 하지만 가해자 개인 단위로 바라보아야 할 사건에 정치적 의미를 부여하는 행위를 부정적으로 인식한다면, 그 당사자인 더불어민주당 역시 남초 커뮤니티에게는 비판의 대상일 것입니다. 남초 커뮤니티뿐 아니라 인터넷 사회 전반에서 청년 남성 사회가 더불어민주당에 적대적이라는 사실(조혜정, 2021)을 고려한다면, 2030 세대의 이용률이 절반 이상을 차지하는 남초 커뮤니티인 디시인사이드에서 더불어민주당을 자주 호출하는 현상이 아주 특수하다고 보기는 어렵습니다(한귀영, 2021). 아래 예시에서 볼 수 있듯이, 남초 커뮤니티에서 나타나는 더불어민주당에 비판적인 장문의 게시글들은 Topic 9와 높은 관련성을 띠고 있습니다.

한편 Topic 5(피해자–가해자 프레이밍), Topic 6(범죄 처벌), 그리고 Topic 7(성폭행(신림동 살인사건))이 여초 커뮤니티에서 높은 빈도를 보이는 것은 피해자에 대한 공감과 자신도 얼마든지 피해자가 될 수 있다는 공포감이라는 일관된 맥락에서 비롯된 현상으로 보입니다. 4.의 1)에서 언급했듯이, Topic 6은 '무서움'이라는 단어를 상위 키워드로 포함하고 있기도 합니다. 가해자의 처벌에 관한 논의가 범죄자들이 다시 세상 밖으로 나오는 두려움을 막아 달라는 차원에서 나온다는 앞선 논의에 비추어 볼 때, Topic 5가 여초 커뮤니티에서 자주 나타나는 결과는 자연스러운 현상입니다. 여성이기에 언제든 유사한 범죄의 표적이 될 수 있으리라는 예측으로부터 실질적 두려움을 느끼고 '피해자층'과 '가해자층'에 관해 논의하는 Topic 5는 여초 커뮤니티에서 보다 자주 나타나는 것으로 보입니다. 한편 Topic 7은 어떤 범죄 양상이 여성들에게 더 많은 공포를 불러일으키는지 암시합니다. 세 사건 가운데 유일하게 강간이 수반되었던 신림동 강간 살인사건이 여초 커뮤니티에서 특히 높은 빈도로 등장한다는 점은, 일반적인 살인과는 달리 '강간 살인'으로부터 여성들이 느낀 충격과 공포가 강력했음을 시사합니다.

그림 11 Ι Topic 9 관련 디시인사이드 게시글

5) 연도별×성별 주제 등장 빈도: 변화는 양쪽 모두에서

사회정치적/개인주의적 논의의 시간대별 등장 빈도의 변화 양상을 분석하다 보면, 변화의 추세가 남초/여초 커뮤니티 중 어느 쪽에서 발생하고 있는지에 대해 의문을 가지게 됩니다. [그림 12]는 시간과 성별 모두를 고려하여 변화 추이를 시각화한 그래프인데, 이를 통해 변화의 추세가 양쪽 모두에서, 같은 방향으로 발생하고 있음을 파악할 수 있습니다.

남초 커뮤니티에서 일어나는 페미니즘 관련 논의들을 여초 커뮤니티에서 전파되는 페미니즘에 대한 반작용으로 이해한다면, [그림 12]에서 확인할 수 있는 같은 방향의 변화가 사실 놀라운 것은 아닙니다. 어쨌거나 이로써 사회정치적 접근의 감소세와 개인주의적 접근의 증가세가 남초/여초 커뮤니티의 구분을 넘어 사회 전반적으로 나타나고 있음을 확인해 볼 수 있습니다.

그림 12 ▎작성연도와 남초/여초 커뮤니티 구분에 따른 토픽 빈도 변화

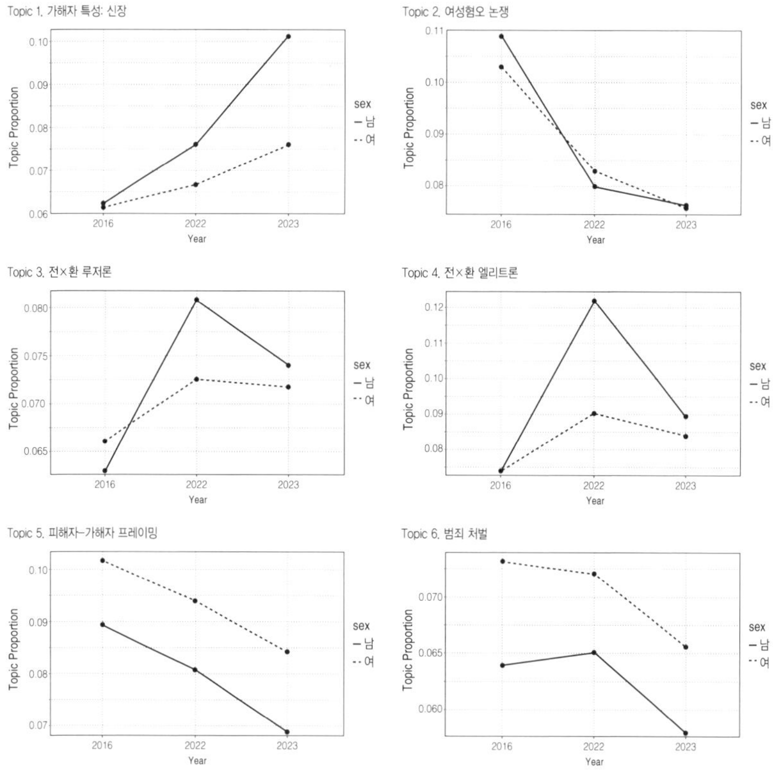

Topic 7. 신림동 살인사건

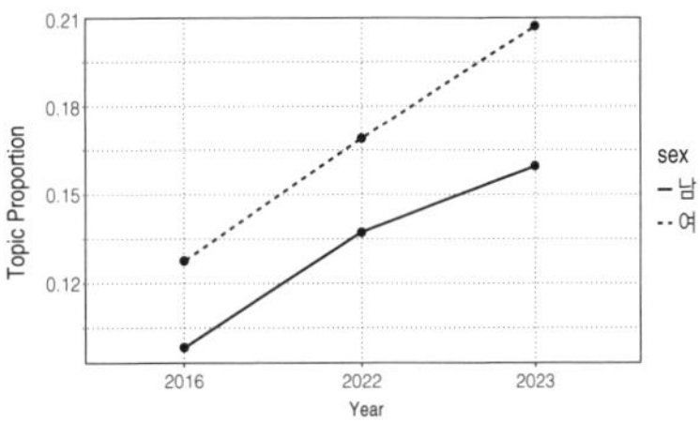

Topic 8. 페미니즘 논쟁

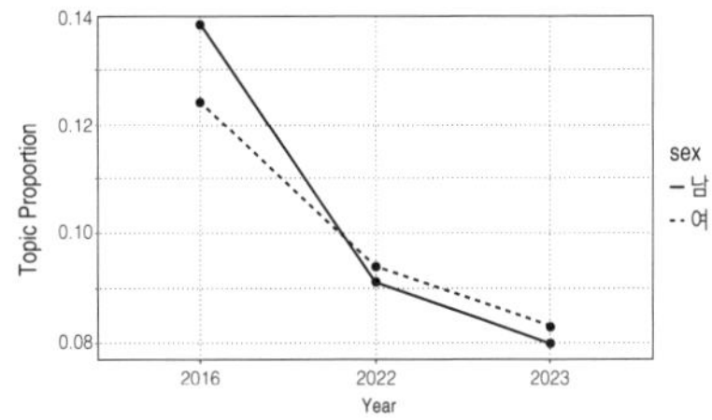

Topic 9. 정치권 관련 논의

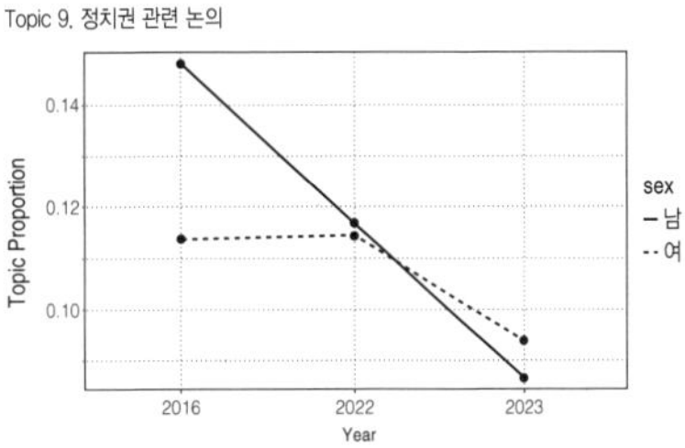

Topic 10. 가해자 특성: 섹스 경험

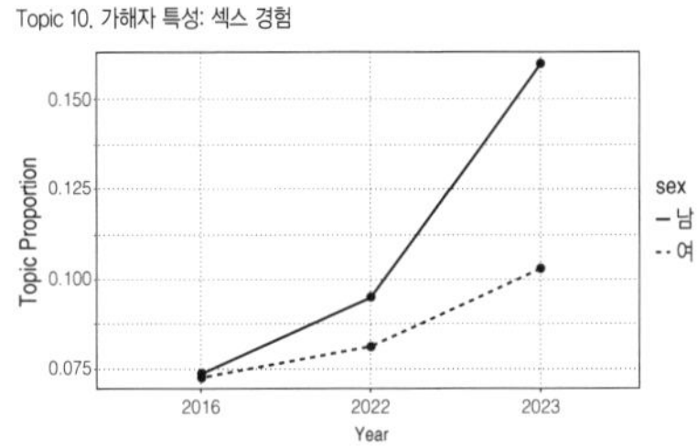

5. 결론

1) 분석 결과 돌아보기

2) 어두운 미래, 그럼에도 우리가 나아가야 할 길

3) 더 나은 분석을 위해서는

1) 분석 결과 돌아보기

저희 팀은 인터넷 커뮤니티에서 수집한 텍스트 데이터를 활용한 STM 토픽 모델링을 통해 혐오범죄들에 대한 사회적 반응을 분석했습니다. 이 과정에서 각 사건들이 남성/여성 집단에게 일반적으로 받아들여지는 방식을 확인했고, 또 시간의 흐름에 따라서는 사회적 반응이 어떻게 달라지고 있는지도 추적했습니다. 분석 결과는 다음과 같이 요약할 수 있습니다.

A. 토픽의 분류: 이분화된 토픽 양상

토픽 모델의 매개변수(parameter)인 토픽 개수를 11로 설정하여 최적 토픽을 추정한 결과, 큰 틀에서는 각 범죄들에 대한 서로 다른 두 가지 접근이 존재했습니다. 하나는 범죄를 양산하거나 범죄를 예방하지 못하는 사회구조를 문제 삼는 사회정치적 접근(Topic 2, 5, 8, 9), 다른 하나는 범죄자 개인의 인격적 결함을 지적함으로써 범죄를 개인의 일탈로 축소시켜 바라보는 개인주의적 접근(Topic 1, 3, 4, 10)입니다.

개인주의적 접근은 보통 범죄자 개인의 특성과 그 개인이 일탈을 저지르게 되는 경위에 주목하지만, 신당역 살인사건의 가해자인 전×환은 명문대 출신의 CPA 합격자로서 사회에서 인정받는 지위를 가지고 있었습니다. 그렇기에 신당역 살인사건에 관한 논의는 특별히 루저론(Topic 3)과 엘리트론(Topic 4)으로 이분화되어 나타났습니다. 이는 범죄와 일탈의 타자화라는 남초 집단의 방어기제가 가진 모순적 면모가 '전×환'이라는 특정 인물을 통해 표출된 결과로 해석할 수도 있습니다. 그 밖에는 피해자에 대한 공감과 범죄에 대한 공포를 바탕으로 가해자에 대한 강력한 처벌과 사회적인 대책 마련을 요구하는 토픽

(Topic 5, 6)이 존재했습니다. 나머지 두 사건과는 달리 성범죄를 동반했던 신림동 강간 살인사건에 대해서는, Topic 7과 관련해 여초 커뮤니티에서 특히 고조된 공포감 등을 확인할 수 있었습니다.

B. 각 토픽의 등장 빈도 변화

STM 토픽 모델링의 메타데이터 분석을 활용하여 시간에 따른 각 토픽의 등장 빈도 변화를 계산한 결과, 사회정치적 접근의 등장 빈도는 시간의 흐름에 따라 감소하고 있으며, 개인주의적 접근의 등장 빈도는 증가하고 있다는 걸 알 수 있었습니다. 사회적인 차원에서 대책을 마련해야 할 혐오범죄가 점차 개인화되고 있는 추세는, 혐오범죄의 사회적 의제화와 제도적인 대책 마련에 부정적인 영향을 미칠 것으로 예상됩니다. 이러한 변화가 남초/여초 커뮤니티 한쪽에서만이 아니라 양쪽 모두에서 진행되고 있다는 추가적인 분석 결과는 앞으로의 전망을 더욱 어둡게 만들기도 합니다. 앞서 몇 가지 가설을 검토해 본 바 있지만, 어떤 요인이 실질적으로 혐오범죄에 대한 사회정치적 논의를 축소시키고 있는지 규명하는 것이 필요합니다.

2) 어두운 미래, 그럼에도 우리가 나아가야 할 길

분석 결과들은 대체로 어두운 미래를 암시하고 있으나, 다른 한편으로는 새로운 가능성을 제시하고 있습니다. 메타데이터 분석을 활용하여 파악했던 남초/여초 커뮤니티의 논의 양상 차이를 떠올려 볼까요? 가해자 개인에게 주목하는 논의는 남초 커뮤니티에서 보다 활발하게 일어났습니다(Topic 1, 4, 10). 반대로 여초 커뮤니티에서 빈번하게 등장한 토픽은 사회정치적 접근이 이루어지는 토픽이라기보다는,

'공포'에 관한 토픽(Topic 5, 6, 7)이었습니다.[11] 저희 팀은 이와 같은 차이가 나타난 원인을 남초/여초 커뮤니티, 나아가 남성/여성 집단이 공유하는 서로 다른 감수성에서 찾아보았습니다. 여초 커뮤니티에서는 언제든 '우리'가 그 피해자가 될 수 있다는 가능성이 일으키는 공포가 논의를 지배하고 있었습니다. 즉 혐오범죄에 대해 여성들이 공유하는 감수성은 나도 피해자가 될 수 있다는 피해자의 '대체가능성'에 대한 공포입니다. 여초 커뮤니티를 관통하는 정서는 여성을 보호하지 못하는 사회적 제도에 대한 분노, 그를 바탕으로 한 정치적 무장이 아니었습니다. 오히려 아주 개인적인 단위에서, 그들이 실제 삶에서 경험하는 두려움이 여초 커뮤니티에서 혐오범죄에 대해 논의하는 방식에 영향을 미치고 있었던 것입니다.

이에 반해 남초 커뮤니티에서는 범죄의 가해자가 '우리'가 아니라 아주 이상하고 특수한 '개인'이라는 약속이 공론장을 지배하고 있었습니다. 그 개인은 키도 상대적으로 작고 사회적으로 바람직한 외모도 갖지 못했으며, 연애와 섹스 경험이 전무한 데다, 돈도 힘도 명예도 없는 무능자로서, '우리'에 소속될 수 없습니다. 이런 맥락에서 혐오범죄에 대해 남성들이 공유하는 감수성은 가해자의 '확장성'에 대한 반감이라고 볼 수 있습니다. 여성을 보호하기 위한 법제도 강화를 남성 일반을 잠재적 가해자로 규정하는 것으로 받아들이며, 사건을 사회정치적 맥락에서 독해하는 것을 남성 일반에 대한 공격으로 받아들이는 것이 남초 커뮤니티의 혐오범죄 논의를 관통하는 정서였습니다. 정리하자면, 남성/여성 집단이 혐오범죄를 두고 벌이는 갈등 저변에는 '잠재적 가해자' 취급에 대한 불쾌함과 '잠재적 피해자'로서 느끼는 두려움 사

11 오롯이 젠더 화두에 대한 토픽인 Topic 2 '여성혐오', Topic 8 '페미니즘'은 남초/여초 커뮤니티별 등장 빈도 차이가 유의하지 않았으며, Topic 9 '정치권 관련 논의'는 심지어 남초 커뮤니티에서 더 높은 등장 빈도를 보였습니다.

이의 충돌이 자리하고 있다는 것입니다. 나아가, 혐오범죄 논의에 있어 여성 집단은 무정치적(apolitical) 경험에서 출발하고, 남성 집단은 반정치적(antipolitical) 이념에서 출발한다는 대조적 도식을 구성해 볼 수도 있습니다. 이때 여성들이 잠재적 피해자로서 느끼는 공포는 일상에 도사린 실존적 위협이지만, 남성들이 느끼는 것은 실존적 공포라기보다는 이념적 반감에 가깝습니다. 이런 맥락에서 대립하는 두 감수성 사이에 존재하는 불평등을 지적할 필요도 있겠습니다(위근우, 2021). 그렇지만 혐오범죄를 두고 일어나는 정치적 갈등을 극복하고 공론장의 생산성을 되살리기 위해서는, 남성과 여성이 가진 혐오범죄에 대한 인식 차이를 좁히는 데에도 힘써야 할 것입니다.

추가적으로, 혐오범죄를 개인적 일탈로 해석하는 남초 커뮤니티의 논조가 여성들이 느끼는 공포를 증가시키는 위험성에 대해 검토해 보고자 합니다. 커뮤니케이션 이론의 '프레이밍' 개념과 관련하여, 시민들이 강력범죄를 받아들이는 방식이 미디어의 범죄 재현 방식에 큰 영향을 받는다는 여러 이론적 논의가 존재합니다(한성준 · 유홍식, 2016; 김도훈 외, 2019). 이에 따르면 가해자의 비정상성을 과장하고 '보통 사람'과의 연결고리를 차단하는 (성)범죄의 재현 방식은, 시민 개인으로 하여금 범죄를 사회가 어찌 손쓸 수 없는 비정상적인 개인의 일탈 행위로 이해하게 합니다(양정혜, 2010). 구조적 문제의 해결이 개인의 책임으로 전가되면서, 범죄는 예방이 아닌 회피의 대상으로 축소됩니다. 여성의 입장에서는 범죄의 대상이 되지 않게끔 '조신하게' 살아가는 것 외에 별다른 선택지가 없습니다. 이는 자신도 언제든 피해자가 될 수 있다는 공포를 증폭시키며, 그것을 능동적으로 해결할 수 없는 상황에 대해 무력감을 느끼게 만듭니다. 남초 커뮤니티에서 이루어지는 개인주의적 논의도 이러한 맥락에서 여성이 느끼는 공포와 불안을 증폭시킬 가능성이 있습니다. 그렇다면 성범죄 이슈로부터 여성들이 느끼는 불안은 실제로 증가하고 있을까요? 이에 대해서 텍스트데이터 분석이나 다른 통계적 방법을 통한 추적 조사가 진행되어야 합니다.

앞선 분석 결과 4.의 2)에서 사회연결망 분석의 브로커 개념을 도입하여, 혐오범죄를 바라보는 사회정치적 접근과 개인주의적 접근을 매개하는 브로커의 중요성에 대해 언급했던 것을 기억하시나요? [그림 8]의 의미연결망에서 브로커는 Topic 6(범죄 처벌)이었습니다. 이 토픽은 혐오범죄에 대한 사회정치적 접근과 개인주의적 접근을 연결시키는 위치에 있습니다. 이를 바탕으로 사회정치적 접근을 취하는 진영과 개인주의적 접근을 취하는 진영 모두에서도 '처벌'이라는 화두에 대해 논할 의지는 충분하다고 해석해 볼 수 있지 않을까요? 만약 이처럼 범죄 처벌에 대한 전 사회적 공감대가 형성되어 있다면, 그럼에도 불구하고 꾸준히 강력범죄 처벌 제도가 미비하다는 목소리가 나오는 이유는 무엇일까요? 접근 방향에 따라 처벌 제도에 대한 논의 양상에 차이가 있을지에 관한 연구도 추가적으로 이뤄져야 합니다.

다른 한편으로, 브로커 위치에 있는 Topic 6(범죄 처벌)이 사회정치적 논의를 개인주의적 논의로 축소시키고 있는 건 아닌지, 그리고 반대로 개인주의적 논의를 사회정치적 논의로 확장시킬 수 있을지에 관한 검토 역시 필요합니다. 전자는 혐오범죄를 예방하지 못하는 사회구조에 대한 논의가 Topic 6의 존재로 인해 범죄자에 대한 처벌이라는 보다 협소한 형태로 대체된다는 것을 의미합니다. 반대로 후자는 범죄자 개인에 대한 논의가 Topic 6에 의해 법적 처벌과 사회구조라는 보다 넓은 논의로 확장된다는 것을 의미합니다. 혐오범죄에 대한 개인주의적 접근과 가해자 개인에 대한 지나친 관심은 앞서 논의한 것처럼 여러 사회적 위험성을 내포하고 있습니다. 따라서 Topic 6이 브로커 역할을 수행하는 구체적 양상을 밝히는 일은 큰 중요성을 가집니다.

즉 처벌에 관한 논의가 가해자 개인에게 이목을 집중시키는지, 아니면 사회구조적 문제를 환기시키는지 규명할 필요가 있겠습니다. 이는 추후 혐오범죄 대책 마련에 있어, 처벌에 관한 활발한 논의가 혐오범죄가 온전한 사회적 의제로 다루어지는 데에 이로울지 해로울지에 관한 실마리를 제공할 것입니다.

3) 더 나은 분석을 위해서는

이 프로젝트는 인터넷 커뮤니티에서의 혐오범죄 논의를 구조적 토픽 모델링이라는 통계적 기법을 활용하여 분석했으며, 시간대별 변화를 고려하여 텍스트 데이터를 살펴봄으로써 한국 사회의 공론장에서 혐오범죄에 대한 사회정치적 논의가 쇠퇴하고 있음을 확인했다는 점에서 의의가 있습니다. 하지만 남초 커뮤니티로는 '디시인사이드'의 남초 갤러리들을, 여초 커뮤니티로는 '더쿠'와 '인스티즈'만을 활용했기 때문에, 저희 팀이 내린 결론은 그 적용 범위가 20~30대로 국한된다는 한계가 있습니다.[12] 온라인 여성운동의 시발점이 된 'X'(전 트위터)를 활용하지 않았다는 점에서도 결론의 적용 범위가 제한될 수 있습니다. 따라서 더 많은 커뮤니티를 대상으로 같은 분석을 수행하더라도 시간과 남초/여초 커뮤니티에 따라 본 프로젝트와 같은 양상과 변화 추세를 보이는지, 분석의 재현가능성을 확인해 볼 필요가 있습니다.

또한 저희 팀은 남초 커뮤니티의 문서(게시글+댓글) 37,462개와

12 검색어 트렌드 분석 사이트인 '블랙키위'에 따르면, '디시인사이드'는 연령대별 유저 비율이 10대 9.9%, 20대 22.6%, 30대 29.6%, 40대 23.6%, 50대 이상 14.3%로 어느 정도 고르게 분포해 있습니다. 하지만 '인스티즈'는 20대 78.8%, 30대 10.3%, '더쿠'는 20대 42.1%, 30대 31%, 40대 16.4%로, 주로 2030 세대에 편중된 양상을 보입니다.

여초 커뮤니티의 문서 12,677개를 분석 대상으로 삼았는데, 이는 토픽 모델링 알고리즘이 남초 커뮤니티에서 주로 발생하는 토픽을 주요 토픽으로 추정하게 만듭니다. 이 불균형은 본 프로젝트의 한계이지만, 구조적 토픽 모델링을 통해 각 토픽이 어느 커뮤니티에서 주로 발생하는지 포착함으로써 보완할 수 있었습니다. 그렇다면 왜 남초 커뮤니티에서 더 많은 문서가 발생하는지 의문이 생길 수 있는데요, 그것은 커뮤니티의 규모 때문입니다. 디시인사이드는 서로 다른 관심사를 가진 많은 남성들이 세대를 불문하고 사용하는 국내 최대 규모의 커뮤니티로, 한국의 남초 커뮤니티는 이처럼 굉장히 큰 규모의 상위 커뮤니티 안에 묶여 있는 경우가 많습니다. 대표적인 남초 커뮤니티인 '에펨코리아'나 '인벤'도 이러한 형태입니다. 하지만 여초 커뮤니티의 경우에는 디시인사이드나 에펨코리아에 필적할 규모를 가진 커뮤니티가 없습니다. 커뮤니티 전문 데이터 분석 사이트인 '와플보드'의 집계에 의하면 디시인사이드의 2023년 11월 기준 사이트 방문 횟수는 229억 회, 인스티즈는 31억 회, 더쿠는 29억 회였습니다. 방문 횟수를 기준으로 보면, 디시인사이드가 인스티즈와 더쿠를 합친 것의 4배에 달하는 규모를 가졌다고 말할 수 있겠습니다. 크롤링의 기술적 한계로 인해 각 사이트에 있는 모든 게시글을 크롤링하지는 못했으므로 문서 개수를 직접적으로 비교할 수는 없습니다. 그렇지만 커뮤니티별 규모 차이를 고려한다면 크롤링한 문서 개수의 불균형이 전혀 이상한 일은 아니라고 볼 수 있겠습니다. '커뮤니티'의 범주에 놓기에는 애매하지만, 문서 개수의 균형을 위해 대량의 문서를 크롤링하려면 'X'를 이용하는 것이 좋겠습니다.

다른 한편으로, 본 프로젝트는 인터넷 커뮤니티의 논의에 대한 탐색적 연구로서, 커뮤니티에서 나타나는 여러 논의 양상과 시간에 따른 변화들에 대해서는 그 원인을 제시하지 못했다는 한계도 있습니다. 남초/여초 커뮤니티의 논의 양상 차이는 실제 남성과 여성들이 혐오범죄를 인식하고 수용하는 방식과 깊게 관련되어 있습니다. 추후 연구를 통해서 그 메커니즘을 밝혀내야 두 집단 사이의 논의 양상 차이에 대한 완전한 이해가 가능해질 것입니다. 또한 본 프로젝트를 통해서 혐오범죄에 대한 사회정치적 접근의 감소와 가해자 개인에 초점을 맞추는 개인주의적 접근의 증가 추세를 발견할 수 있었지만, 그 정확한 원인을 파악하는 데까지는 나아가지 못했습니다. 이와 같은 변화가 일어난 구체적인 원리를 찾고 그에 알맞은 타당한 대책을 수립하기 위해서는 여러 사회구성원들이 혐오범죄를 받아들이는 방식에 대한 이해가 전제되어야 할 것입니다.

6. 참고문헌

김도훈 · 이승현 · 이창한(2019). "미디어를 통해 수용된 일반대중의 범죄인식이 범죄두려움에 미치는 영향,"「한국공안행정학회보」, 28(4), 105-128.

김수아 · 이예슬(2017). "온라인 커뮤니티와 남성-약자 서사 구축: '여성혐오' 및 성차별 사건 관련 게시판 토론의 담론 분석을 중심으로,"「한국여성학」, 33(3), 67-107.

김성진 외(2019). "여혐-남혐 갈등: 온라인 커뮤니티를 중심으로,"「정치정보 연구」, 22(3), 29-54.

김성천 · 장진영(2022). "혐오범죄의 유형-한국과 미국의 혐오범죄 사건을 중심으로,"「중앙법학」, 24(4), 71-98.

김수언(2023.8.3.). "차로 들이받은 뒤 무차별 칼부림… 분당 서현역서 14명 부상," 조선일 보.

김종열(2019.2.1.). "[혐오를 끊자] 1. 이성 혐오-남녀 대결사'," 부산일보.

김종화(2023.10.23.). "[뉴스속 용어] '묻지마 범죄' 아닌 '이상동기 범죄'라고 해야," 아시아경제.

김진오(2023.9.11.). "5년간 흉악범죄 17만 건... 피해자 83%가 여성," 데이터솜.

김한나(2016). "정치참여의 다양성과 조건: 정치효능감과 정부신뢰를 중심으로,"「한국정치연구」, 25(1), 81-110.

김혜인(2022.9.20.). "전과 2범 전×환 "합의 안해줘서 살해"… 과거 죄목은?," 주간조선.

남보라(2023.8.21.). "'신림동 성폭행' 관악구... '여성안심귀갓길 폐지' 주도 구의원 '사퇴요구' 봇물," 한국일보.

박가분(2018). "백래시와 페미니즘의 퇴행,"「인물과사상」, 244, 153-171.

박나은 · 권오균 · 우성덕(2023.8.28.). "살인미수 25건 · 흉기폭력 163건…칼부림 난동, 공포된 대한민국," 매일경제.

백미록(2023). "지방자치단체 여성정책 후퇴 과정 분석,"「한국여성학」, 39(2), 171-201.

소환욱(2016.5.27.). "강남역 묻지마 살인 피해자 애도… '거울 행진'," SBS 뉴스.

송준모 · 강정한(2018). "메갈리아의 두 딸들,"「한국사회학」, 52(4), 161-206.

양정혜(2010). "뉴스 미디어가 재현하는 범죄현실: 아동대상 성폭력 범죄의 프레이밍,"「언론과학연구」, 10(2), 343-379.

위근우(2021.11.19.). "'구경이', 잠재적 가해의 가능성을 살아내는 여성들의 이야기," 경향신문.

유영규(2023.7.21.). "'교권 추락' 멍드는 교사들…극단 선택 동료 추모 물결," SBS 뉴스.

유호윤(2016.5.19.). "[뉴스 따라잡기] "여성에게 무시당해"… 강남 한복판 '묻지마 살인'," KBS 뉴스.

이유진 · 이소영(2022.9.19.). "'#신당역살인은_여성혐오사건' 정부 대처에 분노하는 여성들," 경향신문.

이주빈 · 박지영(2022.9.16.). ""신당역 살인≠여성혐오" 여가부장관…"문제 해결 못할 인식"," 한겨레.

이지현(2019). "메갈리아 이후 발생한 한국 내 온라인 기반 여성운동," 충남대학교 대학원, 석사 학위논문.

인현우(2021.4.21.). "양성평등진흥원은 정말 '남성을 잠재적 가해자' 취급했을까," 한국일보.

장근욱(2021.4.13.). ""남자는 잠재적 가해자... 아니라면 증명하라" 여가부 산하기관 교육영 상 논란," 조선일보.

정민경(2017.6.18.). "언론, 정신이상자로 여성혐오를 지우다'," 미디어오늘.

조혜정(2021.12.25.). "이대남을 화나게 한 '그 페미니즘'," 한겨레.

진연수(2016.5.22.). "강남 피살여성 추모 현장서 '남혐 vs 여혐' 설전," 연합뉴스.

탁경륜(2022.9.18.). "'신당역 사건'은 사법부와 우리 사회가 피해자를 죽인 것'," 부산일보.

한국리서치(2022).「2022 젠더인식조사」.

한귀영(2021). "20대 남성의 보수화 논의, 그 역사와 함의,"「한국정치평론학회」, 29, 165-202.

한성준 · 유홍식(2016). "뉴스보도의 책임귀인 프레임 유형과 위험 속성이 범죄의 책임소재, 수용자의 정서적 반응과 행위의도에 미치는 영향: 정신질환자 범죄 기사를 중심으로,"「한국소통학보」, 15(2), 42-76.

허민숙(2017). "젠더폭력과 혐오범죄: 여성에 대한 폭력은 혐오범죄인가? 논쟁을 중심으로," 「한국여성학」, 33(2), 77−105.

Fernandez, R. M. and R. V. Gould(1994). "A Dilemma of State Power: Brokerage and Influence in the National Health Policy Domain," *American Journal of Sociology*, 99(6), 1455−1491.

Roberts, M. E. et al.(2013). "The Structural Topic Model and Applied Social Science," In *Advances in Neural Information Processing Systems Workshop on Topic Models: Computation, Application, and Evaluation*, 4(1), 1−20.

Schwemmer, C.(2021). "Stminsights: A Shiny Application for Inspecting Structural Topic Models," R Package Version 0.4.1.

Seligson, M. A.(1980). "Trust, Efficacy and Modes of Political Participation: A Study of Costa Rican Peasants," *British Journal of Political Science*, 10(1), 75−98.

Youm, Y. et al.(2021). "Neural and Social Correlates of Attitudinal Brokerage: Using the Complete Social Networks of Two Entire Villages," *Proceedings of the Royal Society B-Biological Sciences*, 288, 1−20.

7.
부 록

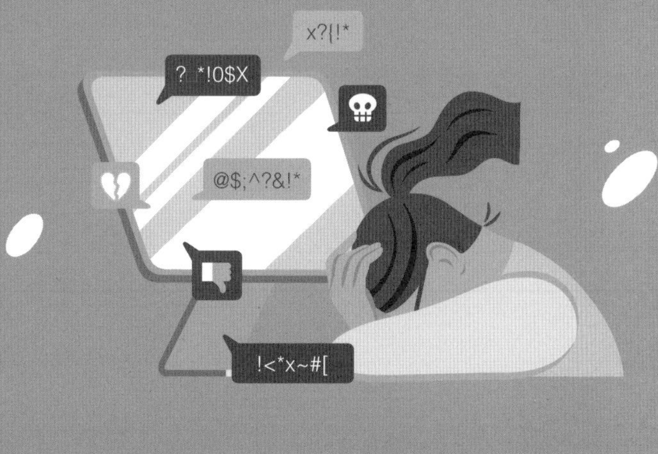

표 5 대체어 사전

원래 단어 → 대체어		
페미 → 페미니즘	ㄷㅍㅁ → 문재인	한남 → 한국남자
페미니스트 → 페미니즘	찢재명 → 이재명	한남충 → 한국남자
꼴페미 → 페미니즘	재명이 → 이재명	씹한남 → 한국남자
트페미 → 트위터페미니즘	찢 → 이재명	냄져 → 한국남자
무섭다 → 무서움	개딸 → 이재명	한녀 → 한국여자
무서워 → 무서움	1찍 → 이재명	김치녀 → 한국여자
무서워서 → 무서움	좌빨 → 좌파적	한녀충 → 한국여자
무서워라 → 무서움	빨갱이 → 좌파적	씹한녀 → 한국여자
소름 → 무서움	좌좀 → 좌파적	여시 → 여성시대
롤대남 → 이대남	좆팔육 → 오팔육	거북유방단 → 거북유방
160 → 백육십	586 → 오팔육	히키 → 히키코모리
161 → 백육십	강간 → 강간죄	여가부 → 여성가족부
162 → 백육십	ㄱㄱ → 강간죄	여성부 → 여성가족부
163 → 백육십	읍간 → 강간죄	하타취 → 하타치
164 → 백육십	읍간률 → 강간죄	ㅎㅌㅊ → 하타치
165 → 백육십	읍간율 → 강간죄	깜방 → 교도소
166 → 백육십	모쏠 → 모태솔로	깜빵 → 교도소
167 → 백육십	모솔 → 모태솔로	감옥 → 교도소
168 → 백육십	맘까페 → 맘카페	좆주당 → 민주당
169 → 백육십	학폭 → 학교폭력	민좆당 → 민주당
170 → 백칠십	싸이코패스 → 사이코패스	즌라도 → 전라도
171 → 백칠십	싸패 → 사이코패스	좆선족 → 조선족
172 → 백칠십	사패 → 사이코패스	머한민국 → 대한민국
173 → 백칠십	짱깨 → 중국인	pc → 정치적올바름
174 → 백칠십	짱개 → 중국인	pc질 → 정치적올바름

175 → 백칠십	짱깨 → 중국인	pc충 → 정치적올바름
176 → 백칠십	ㅉㄲ → 중국인	피씨 → 정치적올바름
177 → 백칠십	ㅍㅆㄱ → 피싸개	피씨충 → 정치적올바름
178 → 백칠십	피싸개년 → 피싸개	좆소 → 중소기업
179 → 백칠십	남혐 → 남성혐오	ㅈ소 → 중소기업
180 → 백팔십	여혐 → 여성혐오	×종이 → 최×종
181 → 백팔십	집유 → 집행유예	×종 → 최×종
182 → 백팔십	굥 → 윤석열	이은혜 → 이은해
183 → 백팔십	윤두창 → 윤석열	회괴사 → 회계사
184 → 백팔십	2찍 → 윤석열	축리웹 → 에펨코리아
185 → 백팔십	윤통 → 윤석열	에펨코리아 → 에펨코리아
186 → 백팔십	윤카 → 윤석열	남혐 → 남성혐오
187 → 백팔십	민주당 → 더불어민주당	여혐 → 여성혐오
188 → 백팔십	문주당 → 더불어민주당	틀딱 → 틀니딱딱
189 → 백팔십	더듬어만진당 → 더불어민주당	아다 → 섹스무경험자
좆선일보 → 조선일보	더듬어당 → 더불어민주당	보빨 → 보빨러
조선NS → 조선일보	더민주 → 더불어민주당	마플 → 마이너스플로우
문재앙 → 문재인	국힘 → 국민의힘	존잘 → 존나잘생김
문통 → 문재인	국짐 → 국민의힘	존못 → 존나못생김
ㅁㅈㅇ → 문재인	데폭 → 데이트폭력	일뽕 → 일본뽕
문빠 → 문재인	웜 → 워마드	찐따 → 진짜따
재앙이 → 문재인	디시 → 디시인사이드	보룡인 → 천룡인
문프 → 문재인	디씨 → 디시인사이드	사형 → 사형제
대깨문 → 문재인	디씨인사이드 → 디시인사이드	

표 6 신조어 사전

Newly coined terms						
갈라치기	데이트폭력	마이너스 플로우	야붕이	워마드	존나못생김	피싸개
강간죄	도태남	맘카페	에펨코리아	이대남	좌파적	하타치
국민의힘	도태녀	메갈리아	여성시대	이대녀	진짜따	한국남자
남성혐오	일베충	모태솔로	여성혐오	전×환	천룡인	한국여자
뇌피셜	일본뽕	보빨러	여성가족부	정치적 올바름	칼부림	헬조선
더불어 민주당	섹스 무경험자	삼대남	웅앵웅	존나 잘생김	틀니딱딱	히키코모리

표 7 회귀분석표

Regression Result					
Topic	Coefficient	Estimate	SD	p-value	Signficance
Topic 1	Intercept	0.0714	0.0011	0	***
	Year(2016)	−0.0094	0.0015	0	***
	Year(2023)	0.0188	0.0018	0	***
	Sex(female)	−0.0087	0.0018	0	***
Topic 2	Intercept	0.0747	0.0012	0	***
	Year(2016)	0.0224	0.0016	0	***
	Year(2023)	−0.0028	0.0016	0.0758	
	Sex(female)	−0.0013	0.0019	0.4773	
Topic 3	Intercept	0.0708	0.001	0	***
	Year(2016)	−0.0125	0.0012	0	***
	Year(2023)	−0.0046	0.0013	0.0002	***
	Sex(female)	−0.0019	0.0014	0.1658	

Topic 4	Intercept	0.1175	0.002	0	***
	Year(2016)	-0.0382	0.0028	0	***
	Year(2023)	-0.0253	0.003	0	***
	Sex(female)	-0.0115	0.0031	0.0002	***
Topic 5	Intercept	0.0753	0.0012	0	***
	Year(2016)	0.007	0.0016	0	***
	Year(2023)	-0.0095	0.0017	0	***
	Sex(female)	0.0111	0.0019	0	***
Topic 6	Intercept	0.066	0.0014	0	***
	Year(2016)	-0.0006	0.0017	0.7319	
	Year(2023)	-0.0061	0.0019	0.0013	**
	Sex(female)	0.0068	0.0022	0.0023	**
Topic 7	Intercept	0.1476	0.0039	0	***
	Year(2016)	-0.0353	0.0049	0	***
	Year(2023)	0.0208	0.0053	0.0001	***
	Sex(female)	0.0318	0.0053	0	***
Topic 8	Intercept	0.0908	0.0018	0	***
	Year(2016)	0.038	0.0025	0	***
	Year(2023)	-0.0093	0.0024	0.0001	***
	Sex(female)	-0.003	0.0029	0.3043	
Topic 9	Intercept	0.1259	0.0029	0	***
	Year(2016)	0.0236	0.0036	0	***
	Year(2023)	-0.0263	0.0039	0	***
	Sex(female)	-0.0104	0.0043	0.0155	*

Topic 10	Intercept	0.1017	0.0023	0	***
	Year(2016)	−0.0166	0.0032	0	***
	Year(2023)	0.053	0.0035	0	***
	Sex(female)	−0.0186	0.0035	0	***
Topic 11	Intercept	0.0585	0.0013	0	***
	Year(2016)	0.0215	0.0017	0	***
	Year(2023)	−0.0086	0.0019	0	***
	Sex(female)	0.0057	0.0022	0.0081	**

*** : <0.001, ** : <0.01, * : <0.05

Year : effect compared to 2022

Sex : effect compared to male

Chapter

04

함께하면 가치가 두 배, 공연 동아리와 관객을 위한 공연 후기 웹 앱 개발

| 표영후 · 고정훈 · 황채민 · 허예진 |

1. 서비스 개요
2. 시장 조사 및 경쟁 서비스 분석
3. 서비스 기획 및 설계
4. 서비스 개발
5. 테스트 및 검증
6. 서비스 개선 및 발전
7. 서비스 확장성

1.
서비스 개요

1) 문제 정의

2) 서비스 목표

3) 서비스 개발 계획

1) 문제 정의

교내 공연 동아리와 관객 사이에 후기와 피드백의 중요성이 인식되고 있지만, 후기를 받는 동아리 측에서 이를 효율적으로 수집하고 활용하는 방법은 부족한 실정입니다.

동아리에게 후기는 관객에게 공연이 어떻게 받아들여졌는지 확인할 수 있는 창구이며, 관객에게는 응원과 개선점 등 의견을 공연자에게 전달할 수 있는 수단입니다. 하지만 보통 후기들은 인스타그램, 에브리타임, 카카오톡을 비롯한 여러 플랫폼에 분산되어 있어 한눈에 파악하기 어렵습니다.

공연 동아리가 개별적으로 후기를 수집하는 경우에도, 수집된 후기들이 통일된 형식을 가지고 있지 않기 때문에 유용한 피드백이나 홍보 효과를 기대하기 어렵습니다. 저희 팀은 이러한 문제들을 해결하기 위해 관객이 더욱 쉽고 간편하게 후기를 작성할 수 있는 보다 효율적인 서비스가 필요하다고 판단하였습니다.

2) 서비스 목표

저희 서비스의 목적은 공연 이후 후기를 남기는 과정을 공연자와 관객, 그리고 관객 상호 간의 즐거운 소통의 과정으로 만드는 것입니다. 이 목표를 달성하기 위해서는, 관객이 후기를 작성하는 과정을 편리하고 즐겁게 경험할 수 있어야 하며, 공연자는 공연의 완성도 개선에 도움이 되는 유익한 피드백이 포함된 후기를 받아볼 수 있어야 합니다. 저희는 관객에게 후기 작성을 통해 친목을 도모하고 소통하는 즐거움을 제공하는 동시에, 공연 동아리에게는 양질의 후기를 효과적으로 전달받을 수 있는 방법을 제공하고자 합니다. 공연 이후 후기 수집이 공연 동아리 사이에서 하나의 문화로 자리 잡도록 하는 것이 저희 팀의 최종 목표입니다.

3) 서비스 개발 계획

그림 1 | 서비스 개발 흐름도

A. 문제 정의 및 시장 분석

먼저 저희 서비스가 해결하고자 하는 문제가 무엇인지 정의하고 서비스 목표를 설정합니다. 이를 위해 시장 분석을 통해 유사 서비스를 조사하고, 관객과 공연자의 입장에서 기존 서비스의 한계를 분석합니다.

B. 서비스 기획 및 설계

그 다음 구체적인 서비스 기획 및 설계 단계에 돌입합니다. 이를 위해 먼저 설문조사와 인터뷰를 진행하여 타깃 집단이 경험하고 있는 문제가 무엇인지, 해당 문제를 우리 서비스가 해결할 수 있는지 파악합니다. 사전 조사의 주요 목적은 공연자가 공연 후기의 필요성을 얼마나 느끼고 있는지, 그리고 관객이 공연 관람 후 후기를 작성하도록 어떻게 유도할 수 있을지를 파악하는 것입니다. 이후 추가 조사를 통해 MVP(Minimum Viable Product, 최소 기능 제품)에 구현할 핵심기능을 설계합니다. 또한 구체적으로 사용자가 접하게 될 UI/UX에 대해 논의합니다.

C. 서비스 개발

본격적으로 MVP 구현을 위한 개발 프레임워크를 선정하고 개발 단계에 착수합니다. 먼저 화면 플로우 차트를 구성하고, 이를 기반으로 서비스 디자인 및 기능 구축을 위한 프론트엔드, DB 및 서버 관리를 위한 백엔드, 서비스 배포를 진행하며, Github(Git을 지원하는 웹 호스팅 서비스 시스템(클라우드)으로 여러 명이 코드를 짤 때 편리한 시스템)를 통해 협업을 수행합니다.

D. 테스트 및 검증

기능 테스트를 통해 완성한 서비스가 기획한 대로 작동하는지 확인하고, 협업을 진행할 동아리를 탐색합니다. 협업이 성사되면, 실제 유저에 대한 사용자 테스트를 수행합니다.

E. 서비스 개선

사용자 만족도 조사를 통해 피드백을 수렴하고 개선방안을 도출합니다. MVP의 확장성을 검토하고, 향후 계획을 점검합니다.

2.
시장 조사 및 경쟁 서비스 분석

1) 유사 서비스 조사

2) 경쟁 서비스의 한계점

1) 유사 서비스 조사

A. 플레이티켓

그림 2 | 유사 서비스 – 플레이티켓

플레이티켓은 다양한 종류의 공연을 한눈에 볼 수 있는 플랫폼입니다. 이 앱에서는 아티스트나 공연 단체가 직접 티켓 예매를 받을 수 있고, 단체의 소개도 등록 가능합니다.

B. 이벤터스

이벤터스는 주로 일회성 행사에 중점을 둔 플랫폼입니다. 주최자가 채널 소개를 설정하고 직접 예매도 진행할 수 있지만 소정의 수수료가 부과됩니다. 관객 입장인 사용자는 특정 단체를 구독하거나 누적 행사를 조회할 수 있습니다.

그림 3 | 유사 서비스 – 이벤터스

C. 티켓통

그림 4 | 유사 서비스 – 티켓통

티켓통은 공연 예매에 중점을 둔 앱입니다. 예매와 동시에 QR 티켓을 제공하며, QR 코드 인증을 통해 공연 입장이 이뤄집니다. 관객이 앱에서 리뷰를 작성하면 포인트(50P)를 지급하는데, 다음에 공연을 예매할 때 포인트를 활용하여 할인을 받을 수 있습니다.

D. Google Forms

그림 5 | 유사 서비스 – 구글폼

구글 폼은 설문조사에 자주 이용되는 서비스 중 하나입니다. 실제로 몇몇 공연 동아리들은 공연이 끝난 후 관객들로부터 후기를 수집하기 위해 구글 폼 링크를 공유하기도 합니다.

2) 경쟁 서비스의 한계점

기존 서비스들의 장점과 단점을 관객 입장과 공연자 입장으로 구분하여 〈표 1〉에 정리해 보았습니다.

표 1 경쟁 서비스의 장단점

	관객 입장	공연자 입장
플레이티켓	• 장점: 어떤 공연이 진행되고 있는지 한눈에 파악하기 용이함 • 단점: 후기를 남기기 위한 유인책이 없으며, 로그인 후에만 후기를 남길 수 있어 불편함	• 장점: 나만의 페이지를 만들 수 있으며, 예매 및 예약 관리가 가능함. 단체 관리가 가능함 • 단점: 공연 이후 공연자 측에서 관객들의 후기 작성까지 유도하기 어렵기 때문에 대부분의 공연에 후기가 없음
이벤터스	• 장점: 예매가 쉽고 편리하게 진행됨 • 단점: 공연자와의 소통보다는 공연의 준비 과정을 단순화하는 데 초점을 맞추고 있기 때문에 동아리 공연 관객들이 이용하기에 적합하지 않음	• 장점: 이벤트 홍보가 편리함 • 단점: 후기 작성 공간이 아예 존재하지 않아서 피드백을 받기 어려움
티켓통	• 장점: 후기를 작성하면 포인트가 지급되어, 다음 공연 예매 시 포인트로 할인받을 수 있음 • 단점: 후기 작성 유인책이 할인이기 때문에 공연 동아리에 유익한 후기보다는 할인을 받기 위한 후기를 작성하게 되어 유의미한 후기를 확인하기 어려움	• 장점: QR티켓과 편리한 예매 시스템 등 단체가 이용하기 편리하도록 설계됨 • 단점: 동아리 공연과 같은 일회성 행사나 소규모 공연에 활용하기 어려움. 또한 관객들의 후기 작성을 유도하기 힘듦
구글 독스	• 장점: 가장 무난하게 접근 가능한 예매 및 후기 작성 방식임 • 단점: 금전적 보상이 없는 한, 관객들이 후기를 작성할 동기가 부족함	• 장점: 편리하게 관객들의 후기를 받을 수 있음 • 단점: 공연자가 직접 질문을 구성해야 하며, 이에 따라 관객들이 작성할 수 있는 후기의 범위가 제한됨

이러한 서비스들은 모두 소규모 공연 동아리가 공연 후기를 수월하게 수집할 수 없다는 한계가 있습니다. 그 결과, 동아리들은 이 서비스들을 통한 행사 진행이나 후기 수집에 어려움을 겪으며, 때로는 대안적인 방법을 모색하여 공연 후기를 받기도 합니다.

또한 이 서비스들은 대부분 행사 예매 및 홍보에 중점을 두고 있어, 후기 수집은 주요 기능이 아닙니다. 이로 인해, 개별 공연에 대한 후기가 거의 없는 상황이 발생합니다. 이러한 한계점을 해결하기 위해서는 후기 수집이 공연 문화의 일부라는 것을 공연 동아리와 관객 모두가 인식하도록 만들어야 합니다. 따라서, 저희는 단체 정보 등록이나 예매 관리 등 이미 잘 운영되고 있는 부분들을 넘어서, 후기 작성 기능에 보다 집중하여 프로젝트를 진행하고자 합니다.

3.
서비스 기획 및 설계

1) 사용자 설문조사 및 인터뷰

2) MVP 설계

3) 사용자 인터페이스(UI)와 사용자 경험(UX) 설계

1) 사용자 설문조사 및 인터뷰

A. 설문조사

저희는 본격적인 기획 단계에 들어가기 전에, 제공하려는 서비스가 공연 동아리 공연자들에게 실제로 필요한지 그리고 그들이 서비스를 사용할 의향이 있는지 확인하는 것이 중요하다고 생각했습니다. 특히 이들이 실제 겪고 있는 문제가 저희 팀이 인식한 문제와 다를 수 있으므로, 기획 방향을 확정하기 전에 온라인 설문조사를 먼저 실시하기로 하였습니다.

저희는 구체적으로 두 가지 관점, 즉 공연자와 관객 측면에서 접근하여 온라인 설문조사를 계획하였습니다. 공연자에 관해서는, 그들이 공연 후기의 필요성을 얼마나 느끼고 있는지 파악하는 것을 주요 목표로 삼았습니다. 만약 공연자들이 후기 수집에 대해 소극적이거나 회의적인 태도를 보인다면, 저희 서비스의 필요성에 대해 다시 생각해 보아야 하기 때문입니다.

관객에 관해서는, 그들이 공연을 관람한 이후 후기를 작성하지 않는 이유는 무엇인지, 그리고 어떻게 하면 관객들의 후기 작성을 유도할 수 있는지 파악하는 것을 주요 목표로 삼았습니다. 특히, 후기의 작성 주체인 관객의 심리를 이해하는 것이 중요했습니다. 이를 통해 후기 작성을 더욱 효과적으로 유도할 수 있을 것으로 보았습니다.

설문조사 대상은 대학교 재학생 및 졸업생으로 선정하였으며, 지인을 통해 접근할 수 있었던 대학들의 '에브리타임' 게시판에 설문조사 링크를 게시하여 설문 참여를 독려했습니다. 17개 대학의 재학생 및 졸업생 144명이 설문에 참여하였으며, 응답자 특성은 〈표 2〉와 같습니다.

표 2 설문조사 응답자 특성

구분		빈도(명)	백분율(%)
성별	남성	38	26.4
	여성	106	73.6
대학 동아리 공연 관람 경험	있다	127	88.2
	없다	17	11.8
대학 동아리 공연 관람자 중 후기 작성 여부[1)]	있다	42	66.9
	없다	85	33.1
대학 공연 동아리 참여 경험	현재	35	24.3
	과거	25	17.4
	없다	84	58.3
일반 공연 관람 후 후기 작성 경험[2)]	있다	77	53.5
	없다	67	46.5

주: 1) 대학 동아리 공연 관람 경험자 중 후기 작성 여부는 대학 동아리 관람 여부에 '있다'고 대답한 127명을 대상으로 물었던 질문입니다.
2) 일반 공연 관람에는 대학 동아리 공연에 한정되지 않은 공연들까지 포함하였습니다.

설문조사에는 대학 동아리 공연의 관람 횟수, 참여 횟수, 관람 유형, 동아리 유형, 그리고 공연을 관람한 이유 등 여러 항목에 대한 질문이 포함되었습니다. 설문조사 결과는 그래프를 통해 정리해 보았습니다.

그림 6 | 설문조사 응답결과 – 공연 관람 동기

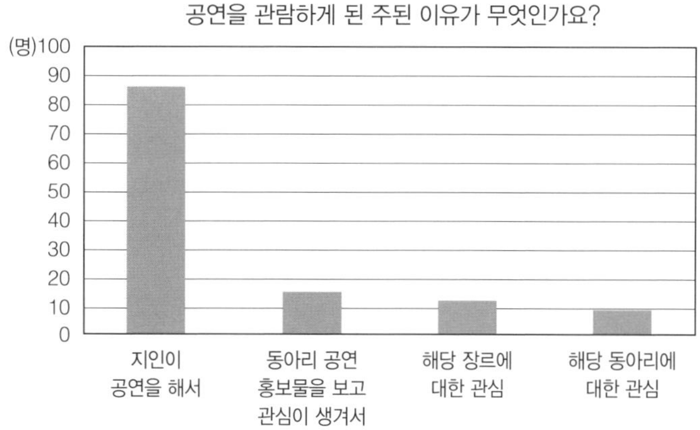

'공연을 관람하게 된 주된 이유가 무엇인가요?'라는 질문에 전체 응답자의 약 70%(86명)가 '지인이 공연을 해서'라고 답했습니다. 이를 통해 '동아리 공연 홍보물을 보고 관심이 생겨서', '해당 장르에 대한 관심' 등 동아리 공연 자체에 대한 관심보다는 공연자가 지인인지 여부가 동아리 공연 관람 선택의 주요 기준이라는 점을 확인할 수 있었습니다.

한편, 동아리 공연 관람 후 후기를 작성하지 않은 관객을 대상으로, 공연 후기를 작성하지 않은 이유를 물었을 때, '공연 후기를 작성하는 과정이 번거롭고 귀찮다', '공연 후기를 남겨야 하는 이유를 모르겠다', '공개적인 공간에 후기를 남기는 것이 꺼려진다' 순으로 응답 비율이 높았습니다. 이러한 응답 결과를 통해, 공연 후기 작성 과정을 간소화하거나 공연 후기를 익명화하는 한편, 관객이 후기를 적극적으로 남길 수 있는 동기를 제공해야 한다는 점을 알 수 있었습니다.

그림 7 | 설문조사 응답결과 – 후기 미작성 이유

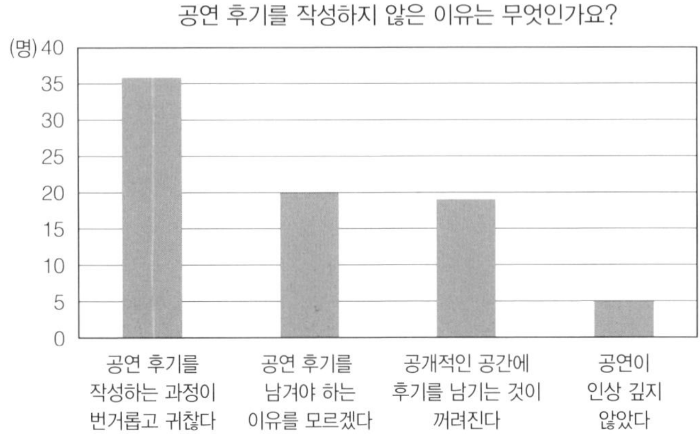

그림 8 | 설문조사 응답결과 – 후기 작성 이유

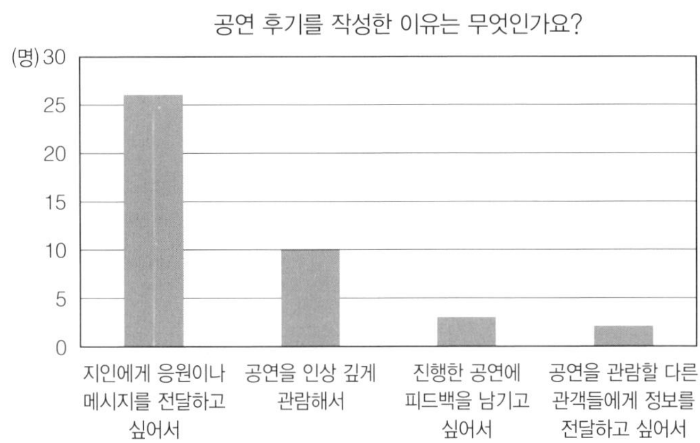

동아리 공연을 관람한 후 후기를 남긴 42명의 관객의 경우, 공연 후기를 작성한 이유를 물었을 때, 응답자의 약 60%(26명)가 '지인에게 응원이나 메시지를 전달하고 싶어서'라고 답했습니다. 또한, '공연을 인상 깊게 관람해서'라는 이유를 든 응답자는 23%(10명)였습니다. 이 결과를 통해, 공연하는 지인에게 응원의 메시지를 보내고 싶어 하는 관객의 욕구가 있음을 확인할 수 있었고, 인상 깊은 공연에 대해 피드백이나 후기를 남기려는 관객도 일부 존재한다는 것을 알 수 있었습니다.

그림 9 ❙ 설문조사 응답결과 – 후기 수집 동기

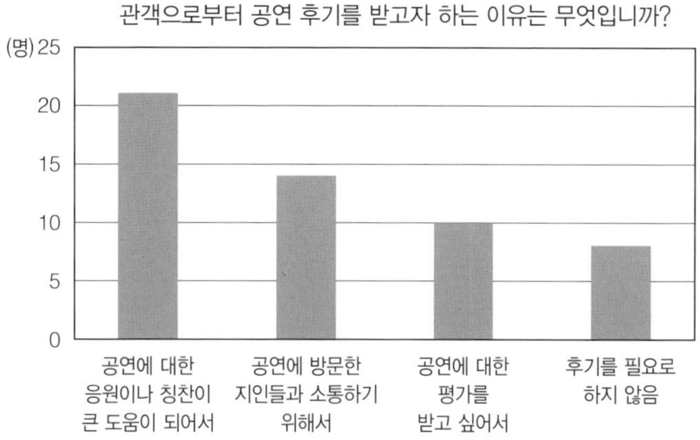

마지막으로, 공연자들을 대상으로 '관객으로부터 공연 후기를 받고자 하는 이유는 무엇입니까?'라고 질문한 결과, '공연에 대한 응원이나 칭찬이 큰 도움이 되어서', '공연에 방문한 지인들과 소통하기 위해서'라는 답변이 많았습니다. 이는 지인들의 응원 메시지가 공연자의 공연 준비에 긍정적인 영향을 미치며, 공연자가 관객과 적극적으로 소통할 수 있는 창구가 필요하다는 것을 보여줍니다.

Key point

설문조사를 통해 서비스 설계 시 다음과 같은 요소들이 고려되어야 함을 발견했습니다. 먼저, 대학 동아리 공연 관객은 대부분 공연자의 지인입니다. 공연 홍보물 등을 통해 공연에 대한 정보를 접하고 해당 동아리나 특정 장르에 관심이 있어 공연을 보러 가는 경우는 드물었습니다. 보통 지인이 공연을 한다는 소식을 개인 SNS 등을 통하여 접한 후 지인을 응원하기 위해 공연을 관람하는 식이었습니다. 이러한 사실은 저희 서비스가 대학 공연 동아리를 대상으로 하고 있다는 점에서 반드시 고려해야 할 요소입니다.

관객 대부분이 지인이라는 점을 고려할 때, 응원 메시지 전달이 관객이 후기를 작성하게 되는 주요 동기임을 알 수 있었습니다. 공연자 입장에서는 이러한 응원을 받기 위해 후기를 원한다는 것을 알 수 있었습니다.

마지막으로 후기 작성 과정은 번거롭지 않고 간편해야 하며, 가능한 익명성이 보장되어야 한다는 것을 확인할 수 있었습니다. 또한, '공연 후기를 남겨야 하는 이유를 모르겠다'는 관객의 응답을 고려할 때, 저희 팀의 서비스는 기존의 후기 작성 방식을 넘어서, 관객의 흥미를 유발시키는 방식으로 관객이 후기를 남길 이유를 제공하는 신선한 접근을 시도할 필요가 있었습니다.

B. 인터뷰

설문조사를 시행한 후, 구체적으로 공연자에게 필요한 후기와 관객이 작성하기 편리한 후기는 무엇인지 알아보고자 공연자와 관객을 대상으로 심층 인터뷰를 진행하였습니다. 공연자 측에서는 동아리 임원 활동 경험이 있는 4명을, 관객 측에서는 대학 공연 동아리의 공연에 관심이 있는 4명을 각각 선정했습니다.

■ 공연자 인터뷰

공연자 인터뷰이는 공연 장르에 따른 편향을 최소화하고자 힙합, 밴드, 풍물, 연극 및 뮤지컬 등 4개의 분야에 속한 동아리원을 각각 한 명씩 섭외하였습니다. 인터뷰 이후 동아리별로 인터뷰 내용을 정리하여 공연 장르별로 후기에 대한 필요나 활용 목적이 어떻게 다른지 알아보았습니다.

표 3 공연자 인터뷰 결과

	동아리 A	동아리 B	동아리 C	동아리 D
장르	밴드	힙합	풍물	연극/뮤지컬
홍보 대상	지인	지인 및 외부인	지인 및 타 대학 풍물패	지인 및 외부인
홍보 채널	카카오톡 및 인스타그램	카카오톡 및 인스타그램, 포스터	카카오톡 및 인스타그램	카카오톡 및 인스타그램, 포스터
후기 반영 여부	후기가 필요하다는 의견과 그렇지 않다는 의견이 갈림	후기가 필요하나, 동아리 특성상 피드백 반영이 어려움	일반 지인 관객은 전문적인 피드백을 주기 어렵다는 한계가 있음	칭찬이나 비판, 수용할 만한 후기들이 있다면 팀원과 공유하기도 함

① 동아리 A

밴드 동아리인 동아리 A의 활동은 지인들을 중심으로 진행되며, 홍보는 주로 인스타그램과 카카오톡을 활용하여 이루어집니다. 또한, 공연 곡이나 공연장 선정 시 관객의 구두 후기를 참고하여 다음 공연 계획에 반영하기도 합니다. 후기를 통해 공연에 관객의 음악 취향이 잘 반영되었는지, 공연 진행의 순서는 전반적으로 매끄러운지, 관객이 공연자와의 소통을 원하는지, 공연의 음향과 조명은 적절했는지 등의 정보를 얻기를 원하며, 텍스트 형식의 후기가 가장 유용할 것이라고 생각합니다.

② 동아리 B

동아리 B는 힙합이라는 장르 특성상 타 대학 동아리와의 교류나 경쟁이 활발하므로 지인뿐만 아니라 외부인을 대상으로 한 홍보도 필요합니다. 따라서 인스타그램이나 카카오톡을 통한 지인 홍보와 함께 공연장 인근에서의 포스터 홍보도 실시합니다. 공연 후 에브리타임 댓글 후기 등을 수시로 챙겨 보지만 적극적으로 반영하는 편은 아닙니다. 하지만 후기가 동아리에 대한 관심을 유발할 수도 있으므로 형태와 내용에 상관없이 필요하다고 하였습니다.

③ 동아리 C

풍물 동아리인 동아리 C는 조직 구성과 홍보 면에서 잘 정비되어 있습니다. 매주 팀원과 피드백을 공유하여 공연의 질을 향상시키려고 노력합니다. 그러나 홍보 측면에서 풍물은 상대적으로 마이너한 장르로 분류되기 때문에, 지인 이외의 관객을 확보하기가 어렵습니다. 이런 이유로 다른 대학의 풍물 동아리와 교류하고 서로의 공연을 관람하는 문화가 활성화되어 있습니다. 공연 후기에 대해서는 후기 작성의 접근성을 높여야 한다고 느낍니다. 지인의 응원 메시지가 담긴 후기는 필요하지만, 지인 관객이 풍물에 대한 전문적인 피드백을 제공하기는 어렵다는 특징이 있습니다.

④ 동아리 D

연극 및 뮤지컬 장르를 기반으로 하는 동아리 D의 경우 후기를 통해 받는 피드백에 개방적인 편입니다. 응원이나 격려뿐만 아니라 수용할 만한 칭찬이나 비판을 포함하는 후기들이 있다면 팀원과 공유하며, 공연을 통해 전달하고자 했던 메시지가 관객에게 잘 도달했는지를 세심하게 파악합니다.

■ 관객 인터뷰

관객 측 인터뷰 대상 역시 공연자 측 인터뷰 대상 선정과 마찬가지로 공연 장르에 따른 편향을 최소화하고자 힙합, 밴드, 풍물, 연극 및 뮤지컬 등 4개의 서로 다른 장르의 공연을 관람한 관객을 각각 한 명씩 섭외하였습니다. 다만 관객 인터뷰의 경우 공연 관람 동기나 후기 작성에 따르는 불편함 등에 대한 답변이 공연 장르별로 크게 차이가 나지 않았기 때문에 공통점과 차이점을 중심으로 인터뷰 내용을 정리했습니다.

표 4 관객 인터뷰 결과

공통점	차이점
- 대부분 지인이 출연하는 공연에 더 관심을 보임 - 공연의 질이나 장르에 따라 후기를 작성할 의향이 있음 - 공연에 대한 사전 정보를 알면 더 확신을 가지고 관람할 수 있다고 느낌 - 대부분 금전적 보상이 없다면 굳이 후기를 작성하지 않을 것 같다고 표현함 - 관람 후 특별한 순간이나 감정을 공유하고 싶어함	- 일부는 친목을 위해, 일부는 피드백을 주기 위해 후기를 작성함 - 후기를 남길 수 있는 플랫폼이 다양함 (인스타그램 스토리, 블로그, 카카오톡 등) - 일부는 간단한 버튼 클릭이나 질문 툴을 통해 후기를 남기고 싶어함

설문조사 결과에서 확인한 것처럼 대부분의 관객은 지인이 출연하는 공연에 더 관심을 가집니다. 자신이 관심이 있는 장르이거나 공연이 인상 깊은 경우 후기를 작성하여 특별한 순간이나 감정을 공유하

고자 합니다. 반면, 인상 깊지 않았던 공연에 대해서는 금전적 보상과 같은 강력한 동기가 없다면, 굳이 번거롭게 후기를 작성하지 않을 것이라는 의견이 있었습니다.

Key point

설문조사 결과와 마찬가지로 대학 공연 동아리 관객은 대부분 공연자의 지인임을 확인했습니다. 인터뷰에서 얻은 주요 시사점은 다음 두 가지로 요약할 수 있습니다. 첫째, 공연자는 후기를 통해 피드백을 얻고자 하지만, 장르에 따라 필요한 피드백의 형태나 내용이 달라집니다. 예를 들어, 연극 및 뮤지컬 동아리는 음악 관련 동아리와 달리 내용 전달의 충실도 등과 관련된 보다 심층적인 피드백을 요구하는 한편, 풍물 동아리는 지인 관객으로부터 발전적인 피드백을 얻기 어렵다는 한계를 가집니다. 이는 저희 팀이 공연 동아리의 장르에 따라 서로 다른 후기를 받는 방식을 고안하거나, 친목에 중점을 두어 후기 작성을 유도하는 방식으로 서비스를 개발할 수 있음을 시사합니다.

두 번째 시사점은 관객 입장에서는 공연이 인상 깊지 않으면 번거롭게 후기를 작성할 이유가 없다는 것입니다. 보통 후기는 선호하는 장르나 만족스러웠던 공연에 대한 특별한 순간의 감정을 기록하는 방식으로 작성되는데, 대학 동아리 공연에서 전문가 수준의 완성도를 기대하는 것이 상대적으로 어렵다는 측면이 한계로 작용합니다.

이러한 점을 고려했을 때, 저희는 서비스를 단순히 공연자에게 유익한 피드백을 제공하는 후기에 국한시키기보다는, 관객이 쉽고 편안하게 지인에게 응원과 격려 메시지를 보낼 수 있는, 친목 중심의 후기 작성 문화를 조성하는 것이 필요하다고 판단했습니다.

2) MVP 설계

MVP, 즉 'Minimum Viable Product(최소 기능 제품)'는 시장 반응

을 빠르게 확인하기 위해 최소 비용으로 개발된 '핵심 기능만을 담은 제품'을 의미합니다. 이는 비즈니스 모델의 수요와 수익성을 초기 단계에서 평가하기 위한 기본적인 테스트를 가능하게 하며, 다양한 데이터 및 지표와 고객 피드백을 바탕으로 완성도 높은 상용 버전을 개발하는 것을 목표로 합니다. MVP 설계의 핵심은 불필요한 부가 기능은 제외하고 가장 중요한 기능에 집중하는 데 있습니다.

저희는 저희 '공연이 끝난 뒤' 앱을 통해 두 가지 주요 문제에 대한 해결책을 제공하고자 합니다.

① 공연자가 접근할 수 있는 후기가 제한적이며 여러 곳에 흩어져 있는 문제

② 관객들이 후기를 작성할 동기가 부족한 문제

이 문제들을 해결하기 위해, 저희 앱의 MVP는 다음 핵심 기능들을 중심으로 설계하였습니다.

A. 편리한 후기 작성 기능

인상 깊은 공연을 관람한 뒤 자발적으로 후기를 작성하는 관객은 많지 않습니다. 관객의 입장에서 후기 작성은 번거롭고 귀찮은 일로 느껴질 수 있으므로 후기 작성의 진입장벽을 낮추는 것이 중요합니다.

이를 위해 ① QR코드 스캔을 통해 손쉽게 후기 작성 페이지에 접속할 수 있는 기능 ② 미리 설정된 키워드(예: '재밌어요', '신나요', '신기해요' 등)를 선택하여 후기 작성을 간소화하는 기능, ③ 자유롭게 줄글로 후기를 작성할 수 있는 선택 옵션 기능을 생각해 볼 수 있습니다.

B. 공연자에게 유용한 후기 아카이빙

후기는 단순한 응원 메시지를 넘어 공연자에게 유용한 정보를 제공해야 합니다. 이를 위해, 키워드와 줄글 후기를 구분하여 공연자가 필요한 정보를 쉽게 찾아볼 수 있도록 하는 기능을 생각해 볼 수 있습니다. 또한 공연자가 후기를 직관적으로 파악할 수 있도록 방대한 양의 후기를 효과적으로 분석하고 요약할 수 있는 척도를 제공해야 합니다.

C. 후기 작성 문화 활성화

공연이 끝난 후 후기를 작성하는 문화를 활성화하는 것은 관객들에게 후기를 작성할 충분한 동기를 부여하는 데 필수적입니다. 특히, 대학 동아리 공연의 관객이 대부분 지인이라는 점을 고려할 필요가 있습니다. 설문조사와 인터뷰를 통해 확인한 바에 따르면, 지인의 공연을 관람하는 것은 주로 친목 도모를 목적으로 하며, 관객들은 SNS에 공연 현장을 공유하는 경향이 있었습니다.

이를 통해 저희 서비스에는 후기 공유를 통해 친목을 도모할 수 있는 기능이 필요하다는 것을 알 수 있었습니다. 따라서 저희는 1) 사용자 개인 캐릭터와 귀여운 UI 디자인을 통해 SNS 공유를 유도하고, 2) 실시간으로 후기를 공유할 수 있는 상호작용이 가능한 공간을 제공하는 기능을 고려해 보았습니다.

이와 같은 접근을 통해 설계된 저희 서비스의 MVP는 다음과 같은 세 가지 주요 기능을 포함합니다.

① 사용자가 간편하게 후기를 작성할 수 있도록 돕는 키워드 선택 기능

② 공연자에게 유용한 정보를 제공하는 후기 요약 척도 기능

③ 후기 작성 문화를 활성화하기 위한 실시간 후기 공유 기능

3) 사용자 인터페이스(UI)와 사용자 경험(UX) 설계

사용자 인터페이스(User Interface: UI) 디자인은 사용자가 인터페이스를 쉽고 효율적으로 사용할 수 있게 하며, 사용하는 동안 즐거움

표 5 서비스 UI 레퍼런스

<table>
<tr><th></th><th>찰리와 걷기</th><th>내 트리를 꾸며줘</th></tr>
<tr><td>주요 UI</td><td>
</td><td>
</td></tr>
<tr><td>앱 소개</td><td>소셜 만보기 앱</td><td>온라인 롤링페이퍼 서비스</td></tr>
<tr><td>주요 기능</td><td>- 걸음 수를 통한 캐릭터 육성 및 커스터마이징
- 주간 랭킹 등 소셜 기능</td><td>- 자신만의 트리 생성 및 링크 공유
- 다른 사람의 트리에 메시지를 남기면 크리스마스에 전달됨</td></tr>
<tr><td>UI 특징</td><td>- 깔끔한 픽셀 캐릭터 디자인</td><td>- 원하는 장식을 골라 친구의 트리를 꾸미는 방식</td></tr>
</table>

을 제공하는 것을 목표로 하는 디자인 분야입니다. 저희는 귀여운 UI 디자인을 통해 실시간 후기 공유 기능을 제공하는 MVP가 관객의 후기 작성 문화를 활성화할 수 있는지 검토하고자 했습니다. 이를 위해, 비슷한 전략으로 사용성을 향상시켰지만 기능적으로는 다른 두 앱, 만보기 앱 '찰리와 걷기'와 온라인 롤링페이퍼 서비스 '내 트리를 꾸며줘'의 UI를 비교 분석했습니다.

그림 10 | 서비스 화면 1

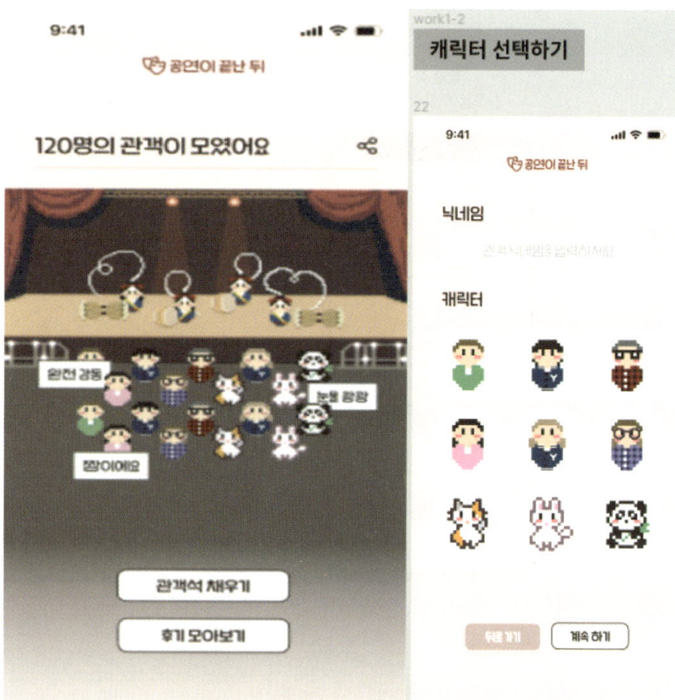

픽셀 디자인을 적용해 공연장과 캐릭터를 통한 깔끔하고 귀여운 UI를 구현하였습니다. 이를 통해 관객과 공연 동아리가 관객이 모여

있는 화면을 SNS에 공유할 가능성을 높이고, 결과적으로 후기 작성 문화를 활성화할 수 있습니다. 특히 공연장 이미지는 실제 동아리의 공연 무대를 반영하여, 관객이 후기 작성 시 현장감을 느낄 수 있도록 했습니다.

'내 트리를 꾸며줘' 서비스의 메시지 전달 방식을 차용하여, 관객이 캐릭터를 선택하고 후기를 작성할 때, 그 캐릭터가 공연장 내에 배치되도록 설계했습니다. 이를 통해 공연 현장의 분위기를 더욱 생생하게 전달하고자 했습니다.

그림 11 | 서비스 화면 2

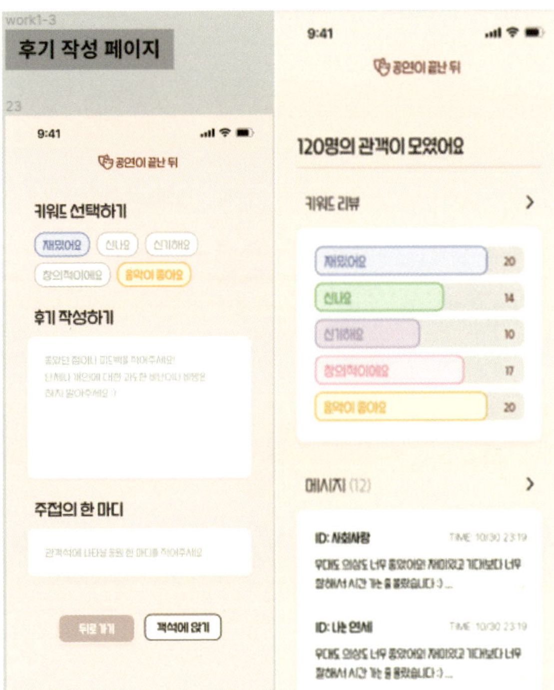

후기 모아보기 페이지를 통해 관객이 작성한 모든 후기를 한눈에 확인할 수 있게 했습니다. 이는 공연 동아리가 후기를 직관적으로 파악하고 분석할 수 있게 하는 설계입니다. 픽셀 아트 캐릭터 및 공연장 디자인과 UI 개발은 A 조교님과의 협력을 통해 완성되었습니다.

4.
서비스 개발

1) Flask 프레임워크를 활용한 웹 앱 개발

2) 프론트엔드

3) 백엔드

4) 사용자 플로우 차트

5) 서비스 배포

1) Flask 프레임워크를 활용한 웹 앱 개발

팀원 모두가 앱 개발 경험이 없었기 때문에, 한 학기 안에 시중의 앱처럼 완성도 높은 앱을 개발하는 데에는 한계가 있었습니다. 이러한 상황을 고려하여 B 조교님께서는 '네이티브 앱'보다는 '웹 앱' 개발을 추천하셨습니다.

네이티브 앱과 웹 앱의 차이는 간단합니다. '네이티브 앱(Native App)'이란 모바일 기기에 최적화된 네이티브 언어로 개발된 앱을 의미합니다. 네이티브 앱은 우리가 일반적으로 앱스토어에서 다운 받아서 스마트폰에 설치하는 형태의 앱입니다. 반면에 '웹 앱(Web App)'은 웹 기술을 활용하여 만들어진 앱입니다. 웹 앱은 네이티브 앱처럼 보이며 기능도 동일하게 구현되지만, 별도의 앱 파일을 설치하지 않고 인터넷 브라우저를 기반으로 작동하기 때문에 URL이나 QR 코드 등을 통해서 접속이 가능합니다. 웹 앱은 HTML, CSS, JavaScript 등의 웹 언어로 만들 수 있기 때문에 네이티브 앱에 비해 상대적으로 제작 비용이 저렴하고 개발 기간도 짧은 편입니다.

웹 앱 개발을 위한 웹 프레임워크로는 Python 기반의 'Flask'를 사용하였습니다. Flask는 별도의 라이브러리 없이 구동되는 가벼운 프레임워크이기 때문에 간단한 웹 앱을 개발하는 데에 유용합니다.

2) 프론트엔드

프론트엔드는 사용자가 웹 서비스를 이용하며 직접 마주하고 경험하는 웹페이지의 전체적인 부분을 의미합니다. 앞서 제작한 사용자 인터페이스(UI)를 구현하기 위해 HTML, CSS, JavaScript 언어를 활용하였습니다. HTML로 웹페이지의 구조를 정의하였고, CSS를 통해 폰

트나 요소 색깔 등의 디자인적 요소를 적용했습니다. 또한 JavaScript를 통해 웹페이지가 동작할 수 있도록 하였습니다. 구체적으로, '관객석 채우기' 버튼 클릭 시, 사용자가 닉네임과 캐릭터를 선택하는 창으로 넘어갈 수 있도록 만들었습니다. 그리고 '후기 작성하기' 페이지에서는 키워드 선택이나 후기 입력 없이는 제출 버튼이 활성화되지 않도록 JavaScript 로직을 구현했습니다.

해당 언어들을 처음 사용하며 많은 어려움을 겪었습니다. 특히 디바이스 종류에 따라 웹페이지의 크기가 자동으로 재조정되는 '반응형 웹'을 의도하였기에 요소의 크기와 간격을 조정하여 최적의 UI를 구현하는 과정이 쉽지 않았습니다. 그러나 B 조교님의 도움과 관련 서적을 통한 학습으로 이러한 문제를 해결할 수 있었으며, 결과적으로 모바일 디바이스에 적합한 UI를 구현할 수 있었습니다.

3) 백엔드

백엔드란 사용자가 직접 볼 수 없는 서버 측 영역으로, 여기서 데이터 저장 및 관리가 이루어집니다. 저희는 데이터베이스 서버 구축을 위해 배포가 간편하고 확장성이 뛰어난 클라우드 PaaS Heroku를 선택했습니다. PaaS란 'Platform as a Service'의 약어로, 개발자들이 클라우드를 통해 서버를 생성하고 플랫폼 환경을 구축할 수 있도록 지원하는 것을 의미합니다. 이 플랫폼을 통해 MySQL을 기반으로 하는 JawsDB를 데이터베이스로 활용했습니다. Flask 애플리케이션 구성 파일에 JawsDB 데이터베이스 URL을 환경변수로 추가하여 웹 애플리케이션 코드와 데이터베이스 간의 연결을 구현했습니다. 데이터베이스 컬럼에는 사용자 ID, 닉네임, 선택한 캐릭터, 선택한 키워드, 후기 본문, 주접의 한마디, 후기 작성 시간 등이 포함됩니다. 백엔드 개발의 주요 목표는 사용자가 웹페이지에 입력한 정보를 JawsDB 데이터베이스에 저장하고, 이를 메인 페이지와 마지막 페이지에서 불러오는 것입니다. 메인 페이지에서는 데이터베이스에 저장된 사용자 수와 사용자가 선택한 캐릭터를, 마지막 페이지에서는 사용자 수, 사용자가 선택한 키워드, 사용자가 작성한 후기 전문을 표시했습니다.

4) 사용자 플로우 차트

그림 12 ❙ 〈공연이 끝난 뒤〉 앱 플로우 차트

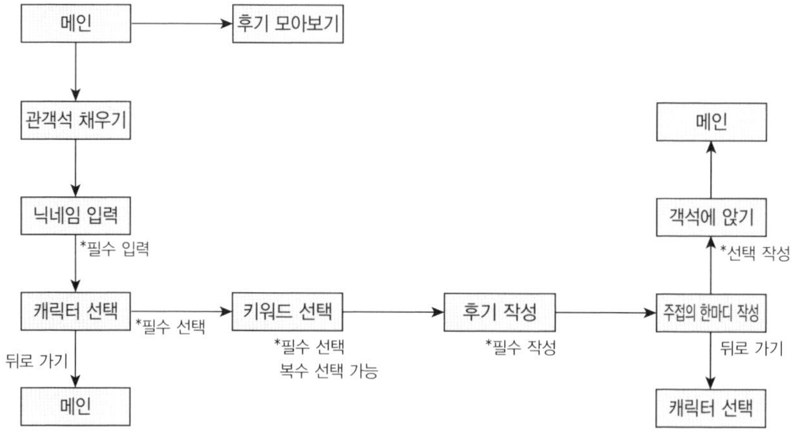

A. 메인 페이지

그림 13 | 메인페이지

메인 페이지에는 '관객석 채우기'와 '후기 모아보기' 라는 두 개의 버튼이 있습니다. '관객석 채우기'를 선택하면 다음 페이지로 넘어가며, '후기 모아보기'를 선택하면 후기 페이지로 넘어갑니다. 사용자는 후기를 작성한 뒤 메인 페이지로 돌아오게 되는데, 이때 내가 선택한 캐릭터가 객석에 앉아 있는 것을 볼 수 있습니다. 다른 사람의 캐릭터와 응원 메시지도 실시간으로 확인할 수 있습니다.

B. 닉네임 및 캐릭터 선택 페이지

그림 14 | 닉네임 및 캐릭터 선택 페이지

이 페이지에서 사용자는 닉네임과 관객석에 앉힐 캐릭터를 선택할 수 있는데, 두 가지 모두 필수로 선택해야 합니다. 캐릭터 선택 후, '계속하기' 버튼을 클릭하면 후기 작성 페이지로 이동합니다. '뒤로 가기' 버튼을 클릭하면 메인 페이지로 돌아갑니다.

C. 후기 작성 페이지

그림 15 | 후기 작성 페이지

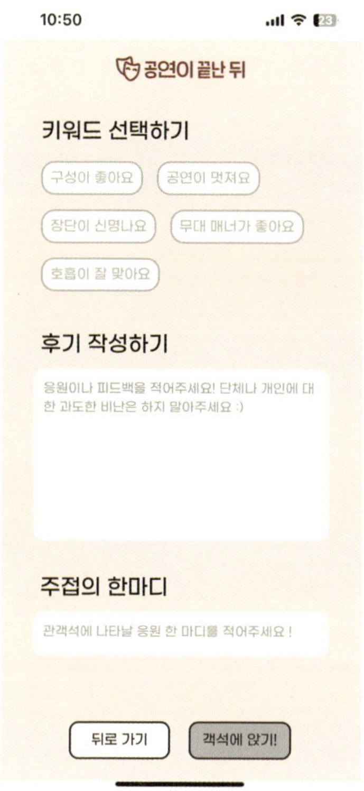

후기 작성 페이지에서는 공연에 대한 감상을 키워드로 나타낼 수 있습니다. 사용자는 제공된 5개의 키워드 중 하나 이상을 복수로 선택할 수 있으며, 선택한 키워드와 함께 후기를 작성할 수 있습니다. 키워드 선택과 후기 작성은 필수 과정입니다. 또한 '주접의 한마디' 섹션을 통해 공연장에 띄울 응원의 메시지를 남길 수 있으며, 이 부분은 선택적으로 작성 가능합니다. 모든 입력이 완료되면 '객석에 앉기' 버튼을 클릭해 메인 페이지로 이동할 수 있습니다. 만약 '뒤로 가기' 버튼을 클릭한다면, 닉네임과 캐릭터 선택 페이지로 되돌아갑니다.

D. 후기 페이지

그림 16 | 후기 페이지

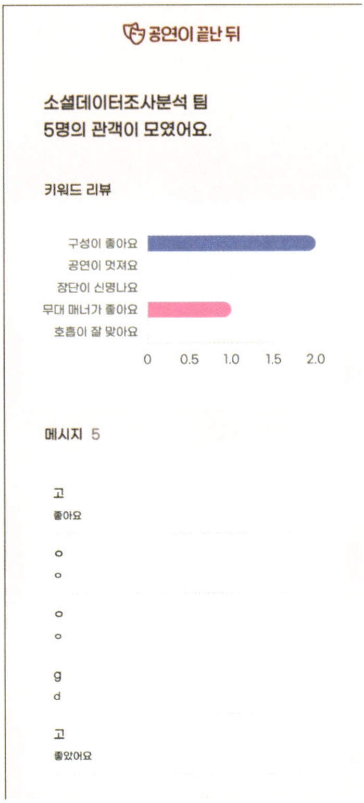

후기 페이지는 관객이 선택한 키워드의 인기도를 그래프로 나타내어, 각 키워드를 몇 명의 사용자가 선택했는지 보여줍니다. 페이지 하단에는 사용자들이 작성한 후기들이 게시판 형식으로 정렬되어 있

습니다.

E. 후기 작성 이후 메인 페이지

후기가 모이기 전, 페이지는 텅 빈 공연장을 표시합니다. '관객석 채우기' 버튼을 클릭하면, 사용자는 캐릭터를 선택하고, 이후 닉네임을 설정하여 후기를 작성할 수 있습니다. '객석에 앉기' 버튼을 누르면, 사용자의 캐릭터가 관객석에 앉게 됩니다. 또한, 관객들이 작성한 '주접의 한마디' 중 일부가 무작위로 실시간 화면에 표시됩니다. '후기 모아보기' 버튼을 클릭하면, 공연자는 키워드의 선택 횟수와 메시지를 확인할 수 있습니다. '공유하기' 버튼을 사용하면 페이지를 SNS에 공유할 수 있으며, 이 기능은 공연진이 지인인 관객에게 후기 작성을 유도하는 데 도움을 줍니다. 관객들도 SNS를 통해 서로 겹치는 지인에게 페이지를 공유하여 후기 작성을 확산시킬 수 있습니다.

5) 서비스 배포

로컬 환경에서 개발된 웹 앱을 인터넷을 통해 다른 사용자가 접근할 수 있게 하는 과정을 '배포(Deployment)'라고 합니다. 배포는 주로 클라우드 컴퓨팅 제공업체의 플랫폼을 사용하여 앱 개발자가 작성한 소스 코드를 등록하는 방식으로 진행됩니다.

저희 팀은 대표적인 PaaS인 Heroku를 활용하여 배포를 진행하였습니다. Heroku는 Git을 통한 배포를 지원하여, 비교적 쉽고 빠른 배포가 가능합니다(앱은 http://aftertheshow.kro.kr/ 주소를 통해 접근할 수 있으나, 서버 유지 비용 등의 이유로 현재는 접근이 제한되어 있습니다.).

5. 테스트 및 검증

1) 기능 테스트

2) 사용자 테스트

3) 사용자 테스트의 한계

1) 기능 테스트

기능 테스트 단계는 앱의 기능이 의도대로 정상적으로 작동하는지 확인하는 과정입니다. 이 단계에서는 앱이 기획한 바와 같이 작동하는지, 그리고 사용자가 앱을 사용하며 기능적인 불편함을 겪지 않는지 검토합니다. 현재 웹 앱은 MVP 단계로 개발되었으며, 동아리 측과 관람자 모두가 로그인 과정 없이 이용할 수 있습니다. 기능적으로 검증해야 할 주요 지점들은 다음과 같습니다.

A. 페이지 간 연결 확인

웹 앱 내의 페이지들은 버튼을 통해 서로 연결됩니다. 각 페이지의 버튼을 클릭했을 때, 오류 없이 다른 페이지로 연결되는지 확인해야 합니다.

B. 작성된 후기의 데이터베이스 확인

사용자가 후기 작성 후 '관객석에 앉기' 버튼을 클릭하면, 입력한 모든 정보가 데이터베이스에 정확하게 저장되는지 검증합니다. 데이터베이스 내에서 사용자의 ID와 후기 내용이 올바르게 연결되어 있는지 확인하기 위해 ID, 후기, 캐릭터, 키워드 등의 정보가 데이터베이스의 동일한 행(row)에 포함되도록 구성해야 합니다.

C. 메인 페이지 정보 표시 확인

메인 페이지는 동아리 공연의 주요 정보를 표시합니다. 이 페이지에서는 관객 수, 응원의 한마디, 사용자가 설정한 캐릭터 등이 올바르게 불러와지는지 검증합니다. 또한, 관객의 숫자가 너무 많거나 적을 때에도 페이지가 필요한 모든 정보를 표시할 수 있는지 확인합니다.

D. '후기 모아보기' 페이지의 후기 형식 확인

'후기 모아보기' 페이지는 전체 관객이 선택한 키워드의 수, 개별 관객의 닉네임, 후기 작성 시간, 그리고 후기 본문을 표시하기 위해 설계되었습니다. 이 페이지에서는 데이터베이스에 저장된 정보가 계획된 형식대로 정확하게 나타나는지 확인해야 합니다.

이러한 기준에 따라 발견된 오류들을 수정하였고, 결과적으로 앱의 모든 기능이 정상적으로 작동함을 확인할 수 있었습니다.

2) 사용자 테스트

사용자 테스트 단계에서는 다수의 사용자를 대상으로 테스트를 실시하여 앱의 기능성과 사용성을 평가합니다. 특히, 2~3회의 공연을 대상으로 세심하게 준비된 샘플을 동아리 공연 주최자에게 템플릿으로 제공함으로써, 앱이 실제 사용 상황에서 얼마나 유용하고 편리한지 검증하고자 하였습니다. 이 과정을 통해 사용자로부터 받은 피드백을 반영하여 앱의 기능을 개선합니다. 12월 초, 동아리 C와의 협업을 통해 앱을 사용하여 후기를 수집했습니다. 이 테스트에는 11명의 사용자가 참여했으며, 수집된 후기의 유형은 〈표 6〉을 통해 확인할 수 있습니다.

표 6 수집된 후기 유형

후기 유형	개수	후기 예시
단순 응원	7	– 다들, 특히 선배님들 너무너무 수고했고, 열심히 가르쳐줘서 고마워요ㅎㅎ 22, 23 다 사랑해! – 최고였어요 – 노력한 결과가 보여서 아주 좋습니다. 내년이 기대됩니다.
피드백과 응원 및 전문적 감상	4	– 연극까지 하는 공연이라, 원활하게 진행될 수 있을지 걱정이 많았는데 역시 다들 실전파인 것 같아요. 무사히 공연을 마친 22, 23 모두 고맙습니다. 수고했어요~ 그리고 개인적으로 설장구의 경우, 연습을 할 때는 이채나 삼채 부분이 좀 빠르다고 느꼈는데, 공연 당일에는 원래 박자대로 잘한 것 같아 뿌듯합니다. 작년에 함께 고생한 21 선배들이 많이 와 주어 얼씨구도 해주고, 굿전도 주시고 ㅎㅎㅎ 참 좋았습니다. 저는 23학번이 올리는 내년 정기공연을 보지 못한다는 게 너무 아쉬워졌어요! 내년에는 얼마나 잘할지 기대가 되는데 말이죠. – 연극 + 풍물의 조합이 아주 좋았다! 연극 배역에 맞게 의상도 조금씩 차이가 있어 다채로웠다~ – 다들 너무 수고하셨습니다! 구장놀이 구성 개인적으로 너무 좋았어요. – 굉장히 사랑스럽고 재밌는 공연이에요! 악기 연주도 굉장히 잘 어우러지고, 구성원 간에 합도 잘 맞아서 준비 많이 한 게 한눈에 보여요!

3) 사용자 테스트의 한계

사용자 테스트를 위해 공연 동아리와 협업 관련 사전 논의가 필요했으나, 12월에 예정된 동아리 공연이 제한적이었고, 공연 일정이 기말고사 기간과 겹쳐 동아리와의 연락이 쉽지 않았습니다. 실제 공연 환경에서의 테스트를 목표로 두 동아리에 협업을 요청했지만, 응답을 받지 못했습니다. 협업을 승낙한 동아리 C와는 일정이 맞지 않아, 실제 관객을 대상으로 한 테스트를 진행하지 못했습니다. 대신, 동아리 내부적으로 공연 피드백을 주고받는 자리에서 동아리원들을 대상으로 사용자 테스트를 실시했고, 11명의 사용자가 앱에 후기를 남겨주었습니다. 결과적으로, 약 100명의 관객이 동시에 후기 페이지에 접속했을 때의 웹 반응 속도와 데이터베이스의 부하를 테스트할 기회가 없었던 것이 한계로 남았습니다.

6.
서비스 개선 및 발전

1) 서비스 사용 만족도 조사

2) 서비스 개선 방안

1) 서비스 사용 만족도 조사

협업을 진행한 동아리 C를 대상으로 서비스 사용 만족도 설문조사를 실시하였고, 사용자 테스트에 참여한 11명 모두가 설문에 응답했습니다. 설문은 서비스 사용에 대한 전반적인 만족도, 사용자 경험, 서비스의 적절성 등과 관련된 질문들을 포함했으며, 그 결과는 다음과 같습니다.

A. 앱 사용에 대한 전반적인 만족도

그림 17 | 서비스 사용 만족도 조사 결과 – 전반적인 만족도

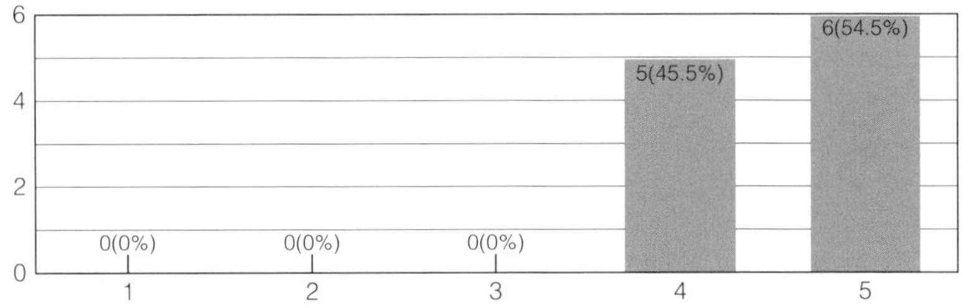

앱 사용에 대한 전반적인 만족도에 관한 질문에서, 6명의 사용자가 '매우 만족한다'라고 응답했으며, 5명은 '만족한다'라고 응답했습니다. 평균 만족도는 4.55점(5점 만점)으로 나타나, 사용자들이 서비스에 대해 전반적으로 높은 만족도를 보였음을 확인할 수 있습니다.

B. 사용자 경험 만족도

페이지 간 흐름이 매끄러운지, 버튼을 클릭했을 때 예상했던 화면이 나왔는지 등 사용자 경험 만족도에 관하여 질문했을 때 7명의 사용

그림 18 | 서비스 사용 만족도 조사 결과 – 사용자 경험 만족도

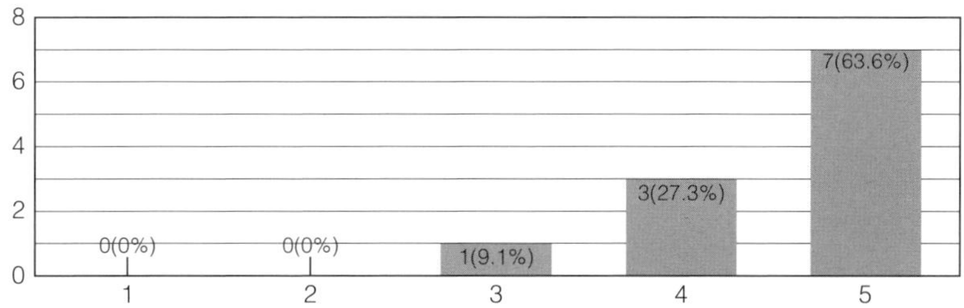

자가 '매우 자연스럽다'라고 응답했으며, 3명이 '자연스럽다', 1명이 '보통이다'라고 응답했습니다. 이 서비스는 4개의 페이지로 이루어진 단조로운 구성으로, 90%의 사용자가 만족스러운 사용자 경험이었다고 응답하였습니다.

C. 서비스의 적절성

그림 19 | 서비스 사용 만족도 조사 결과 – 서비스 적절성

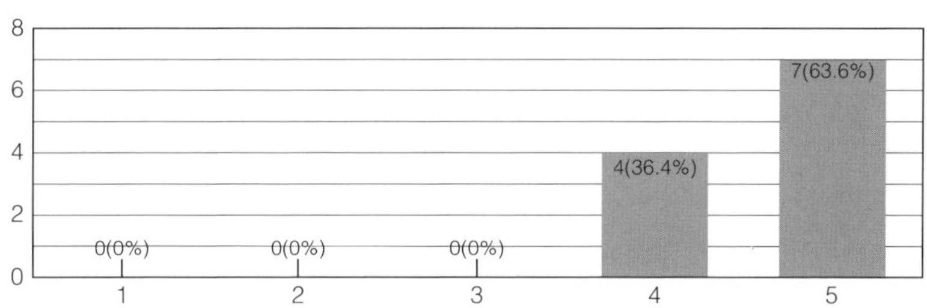

서비스의 적절성, 즉 서비스가 공연 동아리의 후기를 받기에 적절한지에 대한 질문에는 7명의 사용자가 '매우 적절하다', 4명이 '적절하다'라고 응답했습니다. 이 결과는 사용자들이 캐릭터를 선택하고, 키워드와 함께 후기를 남긴 뒤 관객석에 배치하는 서비스의 구성이 후기

수집이라는 목적에 매우 잘 부합한다고 판단했음을 나타냅니다.

D. 서비스의 주요 기능에 대한 선호도

그림 20 ❙ 서비스 사용 만족도 조사 결과 – 주요 기능 선호도

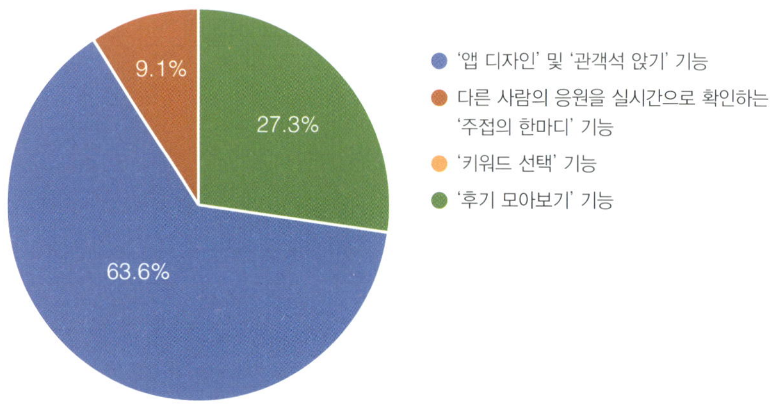

저희 서비스는 ① '앱 디자인' 및 '관객석 앉기' 기능, ② 다른 사람의 응원을 실시간으로 확인할 수 있는 '주접의 한마디' 기능, ③ '키워드 선택' 기능, ④ '후기 모아보기' 기능을 주요 기능으로 제공합니다. 사용자들에게 다양한 기능들 중 어떤 기능이 가장 좋았는지 질문했을 때, 공연장의 현장감을 생생하게 전달하는 앱 디자인과 관객석 앉기 기능에 대한 응답률이 63.6%로 가장 높았습니다. 다음으로 '후기 모아보기' 기능이 사용자들로부터 긍정적인 평가를 받았습니다.

E. 서비스 전달 시점의 적절성

'후기 아카이빙 서비스를 관객에게 어떤 시점에 전달하는 것이 가장 적절한가요?'라는 질문에 대해, 63.6%의 응답자가 '공연 직후'가 가

그림 21 | 서비스 사용 만족도 조사 결과 – 서비스 전달 시점

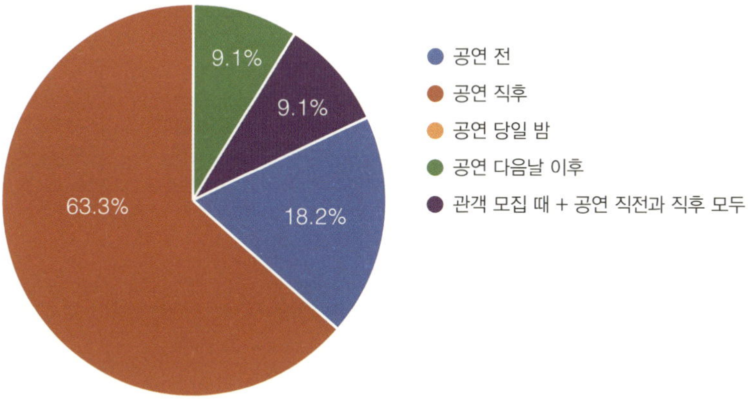

장 적절하다고 답변했습니다. 이어서 18.2%는 '공연 전'을, 9.1%는 '관객 모집 시기와 공연 직전과 직후 모두'가 적절하다고 응답했고, 같은 비율의 응답자가 '공연 다음날 이후'에 서비스를 제공하는 것이 좋다고 응답했습니다. 이러한 결과는 사용자들이 공연의 감동이 가장 생생하게 남아 있는 공연 직후에 후기를 작성하는 것을 선호한다는 점을 보여줍니다.

F. 차기 공연에서의 서비스 사용 의향

'차기 동아리 공연에 해당 서비스를 사용할 의향이 있나요?'라는 질문에는 6명의 사용자가 '매우 있다', 3명이 '있다', 그리고 2명의 사용자가 '보통이다'라고 답했습니다.

그림 22 | 서비스 사용 만족도 조사 결과 – 사용 의향

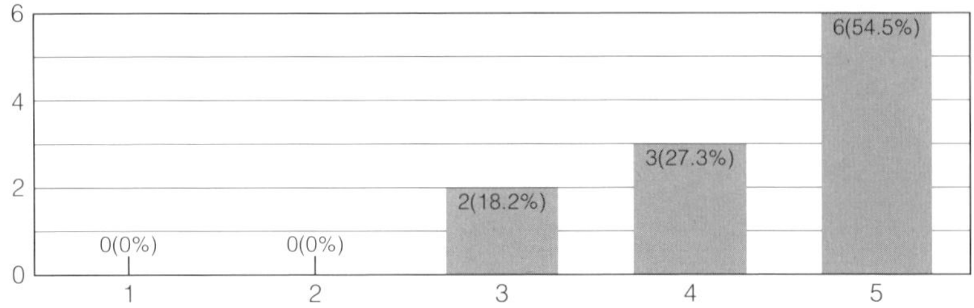

G. 서비스 사용 중 좋았던 점

사용자의 긍정적인 경험에 영향을 준 요소들을 확인하기 위해 주관식으로 서비스를 사용하면서 좋았던 점을 질문했습니다. 이에 응답자 중 일부는 여러 가지의 좋았던 점을 동시에 언급했습니다. 저희는 이러한 다양한 응답을 반영하여 언급 횟수를 집계하였습니다. '후기를 한 번에 모아볼 수 있어서 좋다', '사용자가 선택한 키워드를 시각화해서 보여주는 그래프가 좋다', '공연 후기를 한마디로 요약해서 받는 점이 좋다'와 같이 높은 가독성, 키워드 시각화, 후기 요약 기능에 대한 언급이 5회로 가장 많았습니다. 귀엽고 매력적인 디자인에 대한 언급이 3회로 뒤를 이었고, '아이디어가 좋다', '후기를 작성하는 과정이 재미있고 즐겁다', '후기 작성이 편리하다'라는 응답이 하나씩 있었습니다.

H. 개선해야 할 점

서비스의 개선 필요성에 대한 주관식 질문에서는, '사용자와의 상호작용', '디자인', '글자 수 제한', '후기 구성'이 언급되었습니다. 현재 서비스에서는 주접의 한마디를 랜덤으로 표시하고 있는데, 특정 캐릭

표 7 서비스 사용 만족도 조사 결과 – 개선해야 할 점

유형	내용
사용자와의 상호작용	– 캐릭터를 누를 때 응원/리뷰가 보였으면 좋겠다. 주접의 한마디와 캐릭터가 원래 따로 노는 건지 궁금하다. – 정해진 키워드가 아니라 사용자가 키워드를 추가할 수 있으면 좋겠다. – 사용자와 앱 사이의 상호작용이 더 많으면 앱을 구경하고 싶어질 것이다.
디자인	– 이모티콘이나 얼굴 표정으로 전체 평을 적을 수 있으면 시각적으로 유용할 것 같다. – 캐릭터의 모습이 더 다양했으면 좋겠다.
글자 수 제한	– 후기 최소 글자 수가 있으면 좋겠다.
후기 구성	– 후기와 주접의 한마디 간 차이점이 모호하다.

터를 클릭했을 때 해당 캐릭터에 연결된 응원 메시지나 후기를 볼 수 있었으면 좋겠다는 의견이 있었습니다. 또한, 서비스가 제공하는 5개의 공연 장르별 키워드 외에 사용자가 직접 키워드를 추가할 수 있는 기능에 대한 요구도 있었습니다. 이를 종합한 피드백으로는, 서비스와 사용자 간의 상호작용을 더 확대하면 좋겠다는 의견이 제시되었습니다. 디자인 측면에서는 이모티콘이나 얼굴 표정을 활용해 전체 평가를 시각적으로 표현하는 기능과 캐릭터의 다양성 확대에 대한 의견이 있었습니다. 현재 후기 작성 시 글자 수 제한이 없다는 점과 관련하여 효과적인 후기 수집을 위해 최소 글자 수 제한이 필요하다는 지적도 있었습니다. 마지막으로, 후기와 주접의 한마디 사이의 구분이 명확하지 않다는 응답이 있었습니다.

2) 서비스 개선 방안

서비스 사용 만족도 조사 결과를 바탕으로 다음과 같은 개선 방안을 고려해 보았습니다.

A. 서비스와 사용자 간의 상호작용

서비스와 사용자 간의 상호작용을 확대하고 사용자의 편의성을 높이기 위해 사용자가 관객석에 앉은 캐릭터를 클릭할 경우, 해당 사용자의 닉네임과 작성 후기가 표시되도록 개선하고자 합니다. 이는 캐릭터가 배치될 때 닉네임과 후기 내용을 함께 불러오도록 하여 쉽게 구현할 수 있습니다.

또한, 로그인 기능을 도입해 주최자가 원하는 키워드와 무대 배경을 선택할 수 있게 할 계획입니다. 이를 위해 다양한 단체 종류와 행사 유형에 맞는 키워드와 배경을 제공해야 하며, 디자인과 서버 작업, 로그인 페이지 구축 등의 추가 작업이 필요합니다.

B. 사용자 간의 상호작용

사용자들로부터 긍정적인 평가를 받은 '후기 모아보기' 기능을 더욱 발전시키기 위해, 후기 게시판에 답글과 공감 기능을 추가하여 공연진과 관객, 그리고 관객 상호 간의 소통을 강화할 계획입니다. 이와 함께, 주접의 한마디와 일반 후기 간의 구분이 모호하다는 피드백을 반영하여 관객들이 실시간으로 소통하며 응원 메시지와 주접의 한마디를 교환할 수 있는 기능을 도입하고자 합니다.

기술적 난이도 및 구현 가능성 측면에서 이러한 기능들은 기술적으로 큰 어려움 없이 실현 가능할 것으로 보입니다. 그러나 이 기능들은 로그인 기능이 도입되어야 효과적으로 활용할 수 있으므로, 서비스와 사용자 간의 상호작용 개선이 선행되어야 합니다.

또한 현재 페이지 새로고침 시에만 데이터가 업데이트되는 문제를 해결하기 위해, 특정 주기마다 데이터가 자동으로 업데이트되는 기능도 고려 중입니다. 이러한 기능이 추가되면 사용자가 더욱 편리하게 서비스를 이용할 수 있을 것입니다.

C. 디자인 개선

귀엽고 매력적이라는 평가를 받았던 사용자 인터페이스(UI)는 다양한 캐릭터 옵션을 제공하고, 사용자가 직접 캐릭터를 커스터마이즈할 수 있는 기능을 도입해 더욱 개선하고자 합니다. 이를 위해 디자인 전문가와 협력하여 캐릭터 다양성을 확장하고 사용자 맞춤형 캐릭터 생성 기능을 개발할 예정입니다. 이러한 작업은 전문적인 협업을 필요로 하기 때문에, 구체적인 난이도와 실행 가능성은 협업 과정에서 결정될 것입니다.

7.
서비스 확장성

1) 사용자 범위 확장

2) 앱의 기술적 발전

현재 서비스는 공연자가 관객으로부터 후기를 수집할 수 있는 공간을 제공하고, 관객이 해당 공간에서 후기를 남길 수 있는 기본적인 기능을 갖추고 있습니다. 이 MVP 서비스의 발전 가능성을 두 가지 주요 측면에서 살펴보겠습니다.

1) 사용자 범위 확장

현재 서비스는 대학교 내 공연 동아리를 주요 대상으로 테스트되고 있습니다. 그러나 공연자와 관객이 포함된 대부분의 예술활동은 후기 수집이 중요하므로 서비스의 사용자 범위를 더욱 넓힐 수 있습니다.

■ 후기가 필요한 다양한 예술활동

전시, 버스킹, 마술과 같은 예술활동은 기존에 타깃으로 삼았던 '공연장 내 예술활동'과는 거리가 멀지만 여전히 후기를 필요로 하는 예술활동 중 하나입니다. '공연장 밖 예술활동'의 경우에도 해당 서비스를 이용하여 공연자가 비교적 손쉽게 관객들의 후기를 들어볼 수 있기 때문에, 대학교 공연 동아리를 넘어 후기가 필요한 모든 분야로 사용 범위를 확대할 수 있을 것입니다.

■ 실시간 소통이 중요한 행사

연고전, 아카라카와 같이 현장감이 중요한 대규모 행사에서는 참여자들 사이의 소통이 특히 중요합니다. 예를 들어 미국 대통령 선거에서 트위터를 통한 활발한 소통이 이루어진 것처럼, 이 서비스의 '주접의 한마디' 기능이나 실시간 후기 확인 기능을 활용하면 행사 참여자들이 서로의 반응을 실시간으로 확인하고 소통할 수 있습니다.

2) 앱의 기술적 발전

A. 후기 요약 기능

현재 후기는 텍스트 형태로 제공되며, 별도의 키워드들과 결합되지 않아 전체적인 후기 내용을 한눈에 파악하기 힘듭니다. 이를 개선하기 위해, ChatGPT의 요약 기능을 이용하여 텍스트 후기와 키워드를 함께 요약하는 기능을 도입할 수 있습니다. 또는 긴 텍스트를 간략한 키워드 형태로 변환하는 기능을 추가할 수도 있습니다.

■ 구현 계획

이 기능은 ChatGPT API를 활용해 웹사이트 내에서 독립적으로 작동하는 요약 코드를 추가함으로써 구현됩니다. 서버에 저장된 후기의 데이터가 변경될 때마다 해당 내용들을 복사해 ChatGPT에 요약을 요청할 수 있습니다. 키워드도 같은 방식으로 요약할 수 있습니다. 요약된 결과를 후기 페이지 상단에 표시하면 사용자가 단체에 대한 정보를 신속하게 파악할 수 있을 것입니다.

B. 단체 정보 아카이빙

현재 서비스에서 사용자는 이전에 공연을 진행한 단체의 정보에 접근하기 어렵고, 공연 후기는 해당 공연에 참여한 사람들만 볼 수 있습니다. 관객이 아니더라도 동아리 관련 정보를 쉽게 파악할 수 있도록 접근성을 개선하면 동아리의 신규 가입률 증가 및 외부 단체와의 협업을 촉진할 수 있습니다.

■ 구현 계획

① 현재는 공연자에 따라 별도로 로그인할 수 있는 기능이 구현되어 있지 않습니다. 이로 인해 공연자와 관객 페이지가 구분되어 있지 않았으며 공연자가 바뀔 때마다 관리자가 일일이 임의로 정보를 수정해야 했습니다. 이러한 점을 개선하여 단체별 고유 ID를 부여할 예정입니다. 또한, 다수의 단체가 서비스를 공동으로 이용할 수 있도록 로그인 페이지를 서비스의 시작 페이지로 설정할 계획입니다.

② 관객 입장에서는, 서비스 시작 페이지를 동아리 검색 페이지로 설정하고자 합니다. 단체명을 검색한 후 해당 단체의 후기 페이지로 직접 이동하여, 해당 단체에 대한 후기를 즉각적으로 확인할 수 있도록 할 계획입니다.

8.
참고문헌

임효성(2021). 「Must Have 비전공자를 위한 첫 코딩 챌린지 with HTML&CSS」. 서울: 골든래빗.

찰리와 걷기(https://apps.apple.com/kr/app/charlie-%EC%B0%B0%EB%A6%AC%EC%99%80-%EA%B1%B7%EA%B8%B0/id1638926773)

내 트리를 꾸며줘(https://colormytree.me/auth)

Chapter

05

후기

1. 두 마리 토끼를 잡고 싶은 가치투자자를 위한 사회적 기업 선별과 투자 제안 : 후기
2. 로스쿨 도입 15년, 예비 법조인의 바뀐 성공 공식은? : 후기
3. 강남역에서 신림동까지, 온라인 커뮤니티에 펼쳐진 여성혐오범죄의 재구성 : 후기
4. 함께하면 가치가 두 배, 공연 동아리와 관객을 위한 공연 후기 웹 앱 개발 : 후기

1.
두 마리 토끼를 잡고 싶은 가치투자자를 위한 사회적 기업 선별과 투자 제안 : 후기

1) 학생 후기

2) 멘토 후기

3) 사진

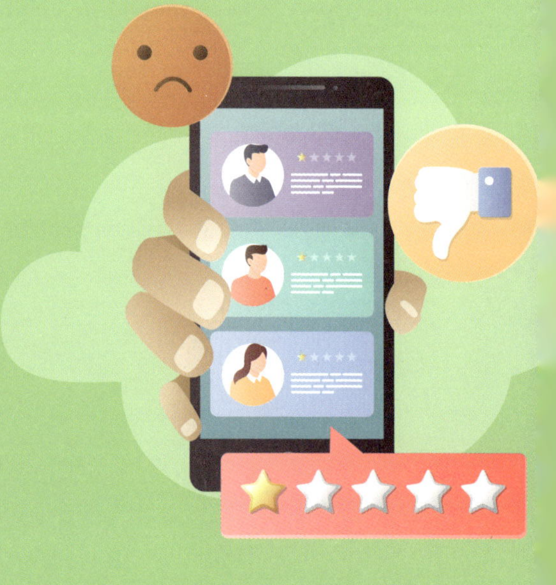

1) 학생 후기

고동현

〈소셜데이터 조사분석〉 수업은 제가 들었던 사회학과 수업 중 최고의 수업이었다고 생각합니다. 기존에 학교를 다니면서 경험해 보지 못했던 형태의 수업이었는데, 정말 많은 것을 배울 수 있었던 좋은 기회였다고 생각합니다. 기존의 전공 수업에서는 학생들이 주도적으로 참여하여 프로젝트를 설계하고, 진행하며 한계점을 보완하는 프로세스가 만들어지는 것이 어려운데, 〈소셜데이터 조사분석〉 수업을 통해 이와 관련된 많은 것들을 경험할 수 있었습니다. 특히 현재 업계에 계시는 전문가분들께 직접 찾아가서 프로젝트 관련 자문을 구하고 질의응답을 할 수 있는 과정은 이 수업에서만 경험할 수 있는 특별한 직접 경험이었다고 생각합니다. 물론 교수님께서 지정해 주신 멘토님과 더욱 밀접한, 잦은 교류를 바탕으로 지속적인 모니터링이 진행된다면 더 나은 결과물이 나올 수 있을 것 같습니다. 하지만 해당 분야의 전문가분들로의 멘토 매칭과, 팀별로 지원되는 많은 액수의 지원금은 학부생들이 부담 없이 생각하고 있던 활동들을 시행할 수 있는 든든한 버팀목이었다고 생각합니다.

더불어 기존에 진행하던 양적 연구 방식과는 다른 방향으로 연구를 진행하는 묘미 역시 느낄 수 있었습니다. 기존의 연구, 혹은 과제는 주어진 데이터를 가지고 관계성을 찾는 것이 대부분이었다면, 이번 연구는 주제를 직접 설계하고 데이터를 구축하고 직접 가공하며 이로 인한 결과를 바탕으로 해석하는 양적, 질적 연구 방식이 모두 결합된 확장된 사고를 할 수 있는 기회였다고 생각합니다.

황희진

처음에 이 수업을 수강하고 프로젝트를 시작할 때에는 당황스러움과 막막함이 컸던 것 같습니다. 아무런 준비가 되어 있지 않은 상황에서 결과물을 만들어야 한다는 생각에 부담감도 있었습니다. 이후 팀을 이루어 프로젝트를 진행하면서 처음에는 순조롭게 진행되는 것 같다는 생각도 들었고 그동안 생각만 해 왔던 것들을 직접 해 보는 과정이 즐거웠습니다. 하지만 역시나 저희가 뜻하는 대로 모든 일이 진행되지는 않았습니다. 처음에 정했던 방향성에서 많이 벗어난 다른 방향으로 프로젝트를 수정하기도 하였고 데이터를 구하는 과정에 있어서 어려움을 겪어 11월 이후에는 시간적으로도 부담을 느끼게 되었던 것 같습니다. 여러모로 아쉬움도 많이 남고 부족한 것도 많은 결과물이었지만 저희가 원하는 대로 직접 설계하고 마무리하는 과정이 뜻깊었던 한 학기였던 것 같습니다. 이렇게 좋은 기회 만들어 주신 강정한 교수님과 도움을 주신 모든 분들께 진심으로 감사합니다.

2) 멘토 후기

★★★★★

가톨릭대학교 경영학과 라준영 교수

교과목에서 요구하는 데이터 분석을 넘어서 임팩트투자 현장에서 실천적으로 활용할 수 있는 도구를 개발하겠다는 팀의 목표가 처음부터 인상적이었습니다. 그 결과물도 우수하여 멘토로서 큰 보람이 있습니다. 무엇보다 사회적 기업의 계량적인 성과 데이터를 점수화하여 투자 매력도가 높은 기업을 판별할 수 있는 방법론을 개발한 점이 우수합니다. 특히 그 점수를 기계적으로 적용하지 않고 전년도 성과와 비교하여 예외 조항을 둔 점은 현실성이 매우 높습니다. 재무적으로 우수한 기업 후보군을 정하고, 그 안에서 사회성과가 큰 기업을 선정한 것도 임팩트투자의 일반적인 투자 우선순위와 일맥상통합니다. 다만 선형성을 가정하여 점수를 비례적으로 산정하기보다는, 실제 데이터가 충분하므로 통계적 분포를 고려하여 점수화하는 방법도 고려해 보면 좋을 듯합니다.

회귀분석을 활용하여 사회성과의 점수를 산정한 것도 교과목에서 배운 통계적 기법을 적용하여 점수화했다는 점에서 인상적입니다. 사회성과 인센티브가 성과에 비례한 보상이라는 점에서 그 타당성에 의문은 있으나, 다행히 회귀계수가 모두 유사하여 추천 포트폴리오의 결과에는 영향을 줄 것 같지는 않습니다. 단순한 평가체계를 개발하여 10개의 투자 우선 기업을 선정하는 데 그치지 않고, 다양한 2차 자료를 활용하여 4개 기업에 대해 투자제안서를 작성한 것도 프로젝트의 실천적 우수성을 보여 줍니다. 기업 개요를 미션, 제품/서비스, 시장, 고객, 프로세스, 자원 및 역량 등으로 구분하여 소개한다면 투자제안서의 가시성이 더욱 높아질 듯합니다.

팀이 분석한 CSES의 DB에는 각 기업의 기업가정신, 조직관리 역량, 프로세스 역량, 자원 및 네트워크 등에 대한 설문 데이터가 있습니다. 향후 연구에서는 판별분석을 통해 어떤 특성을 갖는 기업이 우수한 성과를 보이는지 판단할 수 있는 판별식을 제시한다면 더욱 가치 있는 연구가 될 듯합니다. 그래도 데이터 분석을 실천적 도구 개발과 연결시킨 점은 학부생 수준에서 할 수 있는 최선의 작업을 보여 준 것입니다. 앞으로 더욱 기대가 됩니다. 늘 응원하겠습니다.

★★★★★

소풍벤처스 한상엽 대표

사회적 가치와 재무적 가치 간의 관계는 기업활동과 투자에 있어서 오래된 관심사입니다. 오래된 만큼 어려움이 많고, 또 블랙박스와도 같은 기업의 활동을 수치화하는 것에서도 한계가 존재한다고 생각합니다. 그럼에도 불구하고 그 노력을 계속 기울여야 하는 것은 사회적 가치와 재무적 가치는 엎치락뒤치락하며 서로를 견인해 왔기 때문입니다.

이번 〈소셜데이터 조사분석〉 수업에서 만난 황희진, 고동현 두 학생의 노력 역시 기업의 내밀한 숫자에 기반하여 성장 요인을 찾고, 이를 벤처 투자에 적용해 보려고 하는 굉장히 의미 있고 도전적인 과제였습니다. 이들의 연구는 국내에서는 거의 유일한, 사회성과에 기반하여 인센티브를 제공하는 프로그램의 데이터에 기반하여 정합성을 꾀하였으며, 기준에 의해서 선정된 기업들의 성장요인과 투자 매력도를 설명하려는 면에서 그 의의가 있었습니다.

물론 현실 세계에서의 투자 의사결정이란 당장의 숫자보다는 미래의 가능성에 기반하고 있고 체크리스트나 평가표로 정리될 수 없는 무형의 지적 자본이 반영되어야만 비로소 정해질 수 있는 것이기에 데이터로만 설명될 수 없는 것입니다. 여기에다 산업이나 도메인의 현황, 조직 구성원들의 전문성과 의지와 같은 변수도 영향을 많이 끼치고요. 자연스럽게 데이터에 기반한 의사결정은 벤처 투자에 있어서만큼은 어디까지나 보조적 수단에 그칠 수밖에 없지만, 그럼에도 불구하고 이러한 노력은 계속되어야 한다고 생각합니다. 〈소셜데이터 조사분석〉 수업을 통해서, 기업이라는 블랙박스를 해석하기 위한 더 많은 방법론과 툴이 나오길 기대합니다.

3) 사진

라준영 멘토님과 함께

한상엽 멘토님과 함께

2.
로스쿨 도입 15년, 예비 법조인의 바뀐 성공 공식은? : 후기

1) 학생 후기

2) 멘토 후기

3) 사진

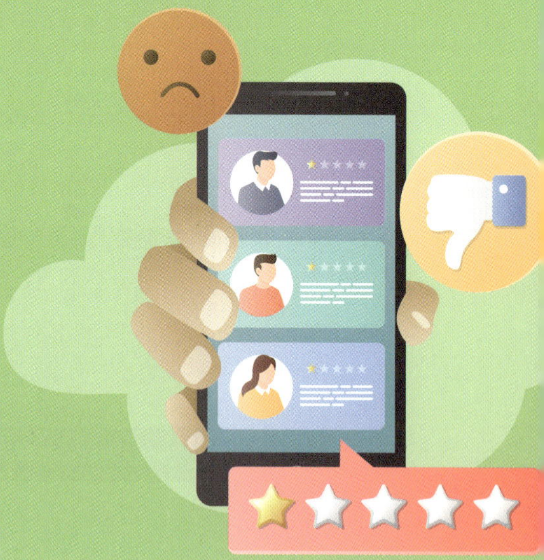

1) 학생 후기

문민주

사회학 '연구'를 해 볼 수 있다는 점이 가장 좋았다. 질문을 만들고, 그 질문에 답하기 위해 필요한 지식을 찾아 습득하고, 그 지식을 적용해 답을 찾아 나서는 과정이 즐거웠다. 한편 연구 표본의 다양성과 균형성을 확보하지 못했다는 점이 가장 아쉽다. 세대 간 비교 연구라는 점에서 사법연수원 출신 판검사, 그리고 로스쿨 출신 현직 변호사를 인터뷰하는 것이 일차적인 목표였다. 그러나 표본에 접근하기 어려워 SKY로스쿨 재학생 위주로 인터뷰이를 구성할 수밖에 없었다. 주소록을 위에서부터 훑으며 로스쿨 재학생 한 명만 소개해 달라며 매달리던 순간은 평생 잊지 못할 것 같다. 이러한 희소성이 엘리트 연구의 가치이자 재미이지 않을까 생각한다.

질적 연구의 묘미를 알게 되었다. 양적 연구는 사전에 가설부터 검증 방법까지를 철저히 설계하고 본격적인 연구에 들어간다. 또 연구 표본에 보편적으로 적용되는 일종의 원리를 찾아 전체 모집단으로 확장할 수 있다는 유용성이 있다. 반면 질적 연구는 명확한 연구 질문을 정하는 것조차 어렵다. 표본을 인터뷰하는 과정에서 그들 '고유의 서사'를 알아가고, 이 과정에서 일종의 '꼭지'를 발견할 때 질문이 구체화된다. 우리가 어느 방향으로 나아가고 있는지 좀처럼 종잡을 수 없으나, 우리가 걸어온 점들을 이어보면 신기하게도 하나의 이야기가 만들어져 있는 셈이다. 이 '예측불가능성' 덕에 연구가 즐거웠다. 흔히들 '숫자'만이 객관성을 담보할 수 있다고 말한다. 그러나 우리가 그토록 신뢰하는 수치적 데이터는 분석가의 관점이 투영된 결과물인 동시에 오염되기도 쉽다. 상관된 두 현상 사이의 WHY와 HOW를 설명해 내는 것은 '서사'이며, 질적 연구에는 이 '서사'를 들여다보는 힘이 있다. 더 많은 이들 고유의 서사가 연구되기를 바라며 글을 마친다.

한은결

안녕하세요? 저는 2023년도 2학기 〈소셜데이터 조사분석〉 수업을 수강한 사회학과 22학번 한은결입니다. 지금까지 사회학 전공 수업을 듣고 공부하며, 배운 것들을 현실 사회에 접목하여 프로젝트로 구현해 보는 경험을 하고자 해당 수업을 수강하였습니다. 사실 처음에는 연구 주제를 정하는 과정부터 너무나 어려워, 수강을 약간 후회하기도 했습니다. ㅎㅎㅎ 두 명이서 이 주제를 끝까지 할 수 있을지, 이 주제로 우리가 성공적인 글을 쓸 수 있을지 밤새 이야기하기도 했습니다. 연구 주제를 수정하고, 또 좁히고, 연구 방법을 바꾸며 직접 연구 전 과정을 경험할 수 있었습니다. 결과와 관계없이 이 경험 자체가 소중하게 느껴집니다.

또한 저는 해당 수업 수강 전 숫자에 기반하여 연구를 실시하는 것이 설득력 있다고 생각하였습니다. 이에 학기 초반에도 양적 연구를 수행하고 싶었습니다. 하지만 예비 법조인들의 직역 선택 연구에는 '숫자'보다는 사람들의 '마음', '생각'이 더 중요했기에 심층 인터뷰 기법을 사용하였습니다. 숫자로 보는 세상도 좋지만, 결국 사회 속 개인에 대해 알아가는 사회학이라는 학문에서는 개인 개인에 대해 깊게 이해하는 것 역시 매우 중요함을 깨닫게 된 기회였습니다.

2) 멘토 후기

★★★★★

연세대학교 사회학과 박주연 교수

연세대학교 사회학과 학부과정에 〈소셜데이터 조사분석〉이라는 수업이 신설되고, 학부생들의 열정적인 참여로 인해 첫 수업이 무사히 끝났음을 축하드립니다. 더 나아가 학생들의 연구결과물이 하나의 책으로 묶여서 출간된다고 하니 저 역시 무척이나 뿌듯하고 자랑스럽습니다.

소셜데이터를 다루는 법을 배우는 것보다도, 비슷한 관심을 가진 동료들과 협업하고 멘토들과 소통하는 기회가 주어진 것이 학생들이 얻을 수 있는 가장 큰 소득이 아니었나 생각해 봅니다. 제가 함께했던 문민주 학생, 한은결 학생 역시 대학원생 못지않은 연구에 대한 열정과 추진력을 보여주어 멘토링 하는 내내 무척 뿌듯한 마음으로 지켜보았습니다. 인터뷰 데이터를 기반으로 한 질적 연구를 학부생 수준에서 디자인하고 실제로 수행하는 것은 결코 쉽지 않습니다. 먼저 질적 연구에 알맞은 주제와 질문을 찾아야 하고, 필요한 데이터를 윤리적인 절차를 통해 조심스럽게 수집해야 하기 때문입니다. 데이터 수집 이후의 코딩과 글쓰기 역시 통계적인 연구와는 무척 다른 방식으로 진행됩니다. 왜 질적 연구를 해야 하는지, 질적 데이터는 양적 데이터와 어떤 점에서 다른지, '좋은' 질적 연구는 어떻게 쓰여지는지에 대해 체계적으로 배울 수 있는 질적 방법론 수업이 이 수업과 병행 혹은 연계된다면, 질적 연구에 관심 있는 학생들에게 더 알찬 배움의 기회가 제공될 것으로 믿습니다. 앞으로도 이 수업을 통해 많은 학부생들이 스스로 연구를 이끌어 나가는 귀한 기회를 경험하기를 바랍니다.

3) 사진

박주연 멘토님과 함께

3.

강남역에서 신림동까지, 온라인 커뮤니티에 펼쳐진 여성혐오범죄의 재구성 : 후기

1) 학생 후기

2) 멘토 후기

3) 사진

1) 학생 후기

유지헌

배운 게 정말 많았던 한 학기였습니다. 교수님의 강의를 듣고 강의 내용에 대한 이해도를 바탕으로 평가받는 평범한 강의와는 달리, 〈소셜데이터 조사분석〉 과목에서는 학생들끼리 자기주도적으로 문제를 설정하고 해결해 갈 수 있었습니다. CLIO의 지원금, 물심양면으로 큰 힘을 실어주신 교수님과 수업 조교님, 그리고 저희 프로젝트의 방향성과 디테일에 큰 도움을 주신 프로젝트 조교님과 멘토님의 존재가 해당 수업의 큰 장점이라고 생각합니다. 학생들끼리 팀 프로젝트를 수행하다 보면 방향성을 잃거나 크고 작은 디테일들을 놓치기 쉬운데, 수업에서 제공하는 여러 지원 덕분에 원활하게 프로젝트를 해 나갈 수 있었던 것 같습니다. 하지만 어디까지나 저희 스스로 해 나가는 프로젝트였기에, 주체적으로 문제를 정의하고 해결 방안을 탐색하며 실행하는 과정을 밟아 나가며 많은 배움을 얻었습니다. 정형화된 강의를 듣는 것에 비해서 정신적으로나 시간적으로나 많은 노력이 들었지만, 사회적 문제를 해결하고 데이터를 다루는 일련의 과정을 체화할 수 있었습니다. 기술적인 측면에서는 웹크롤링과 토픽모델링이라는 새로운 방법론들을 직접 적용해 보면서 파이썬과 R을 다루는 능력도 많이 향상되었습니다. 그렇지만 프로그램을 돌려서 얻은 결과를 해석하는 과정에 보다 큰 가치가 있었는데요, 팀원분들과 멘토님, 교수님이 저와는 다른 시각에서 던져주신 흥미로운 질문들 덕분입니다. 이러한 질문들에 대답해 가면서 훨씬 더 풍성한 프로젝트를 완성할 수 있었습니다. 그래서 데이터를 다룸에 있어 중요한 것은 코딩 기술보다도 좋은 질문을 하는 법이라는 또 하나의 큰 배움을 얻었습니다. 저와 함께 한 학기 고생해 주신 팀원분들, 교수님, 멘토님, 조교님, 그리고 각자 개성 있는 프로젝트와 의견들을 공유해 주신 다른 팀의 팀원분들에게도 감사의 말씀 전합니다.

이준영

저에게 직·간접적으로 영향을 준 사건들을 상세히 알아보고 싶은 마음에 이 프로젝트를 시작했습니다. 시간상 계획했던 모든 단계를 끝내지 못한 점이 아쉬움으로 남지만, 원하는 주제를 선택해 자유롭게 연구했다는 점이 너무나 만족스럽습니다. 함께 프로젝트를 진행한 팀원들과 도움을 주신 멘토님, 조교님께 정말 감사드립니다.

남초는 이래, 여초는 이래... 항상 '느낌적인 느낌'으로만 단정짓던 것들을 눈에 보이는 데이터로 직접 확인해 보는 경험은, 저에게 사회 현상을 바라보는 새로운 시각을 제공하기도 했습니다.

이런 게 소셜데이터 분석의 묘미 아닐까요?

최재성

해당 수업의 의의는 관심 있는 분야에 관련된 데이터를 활용해 직접 연구를 진행해 보는 것이라고 생각합니다. 그만큼 자유도가 높아서 창의력을 다양한 방면에 활용해 볼 수 있을 것이라 생각했습니다. 실제로 다양한 의견들을 합치하여 좋은 결과를 이뤄냈지만 높은 자유성을 충분히 활용했는지 고찰해 보았을 때 실제로는 조금 부족했다는 생각이 들었습니다. 이러한 자유성은 뭐든지 해볼 수 있게 할 뿐만 아니라 아무것도 못하고 좌절하는 결과로도 이어질 수 있기 때문입니다. 이 프로젝트는 이러한 한계를 극복하고 연구자로서 더 성장하는 좋은 초석이 되었다는 생각이 듭니다. 또한 팀 프로젝트라는 특성상 팀원들의 역량과 팀원 간 소통이 연구를 진행하고 분석하는 것만큼 중요하다고 느꼈습니다. 같은 팀원이라고 할지라도 이 프로젝트를 통해서 얻고 싶은 것은 각각 다 다르기 때문이고 실제로 이 부분에서 개인적으로는 아쉬움이 남았습니다. 현장 경험이나 실무 등에 대한 활동을 기대했던 것과는 달리 학생의 입장에서 타협만을 거듭한 것이 아닌가 하는 그런 아쉬움이었습니다. 그럼에도 불구하고 연구 주제에 대한 다양한 방면으로 접근해 볼 수 있는 좋은 기회가 되기도 했다는 점에서 또 괜찮은 결과물을 도출할 수 있어서 좋은 경험으로 남을 것 같습니다.

2) 멘토 후기

★★★★★

형사법무정책연구원 이선형 부연구위원

여성 관련 범죄가 발생하면 성별 대립이나 페미니즘 논란 등 사회적으로 다양한 갈등이 드러납니다. 이러한 현상을 바라보는 시각은 정부, 언론, 전문가, 일반인 등에 따라 다양하며, 대중의 관점은 개인적 특성(성별, 연령, 지역, 경험 등)이 반영되어 더 역동적입니다. 이러한 점을 본 팀은 잘 반영하여 과거 사건부터 최근의 사건까지 다루고, 커뮤니티의 특성을 고려한 데이터 수집, 다양한 분석을 통한 내용분석 설계 등을 하여 높게 평가하고 싶습니다. 그리고 세 명의 구성원이 역할 분담이 잘 되어 있어 개선 내용에 대한 진행이 정확하게 이뤄진 점도 인상 깊었습니다. 첫 번째 멘토링에서는 다른 개념인 '묻지마 범죄'와 '혐오범죄'가 같은 개념으로 혼용되어 쓴 점, 세 개의 사건을 유사한 사건으로 정의한 점, 본 연구의 목적에 대한 명확성 등에 대하여 논의하였고 다음 멘토링에서 모두 개선이 되었습니다. 이 부분은 단행본 버전에서 더욱 개선되어 세 사건을 '여성혐오범죄'로 정의한 부분에 대한 이론적 논의가 충분히 이뤄졌다고 생각합니다. 두 번째 멘토링에서는 주로 방법론이나 분석결과에 대하여 토픽모델링은 문서 길이가 너무 짧을 경우 분석 타당성이 낮아질 수 있는 점, 구조적 토픽모델링을 짧은 길이의 문장에 적용하면 하나의 문서에 다양한 토픽이 구성되는 것의 한계로 상관관계가 과대평가 될 수 있는 점 등을 논의했습니다. 세 번째 멘토링에서는 보고서 구성, 그래프 수정, 단행본을 위해 수정해야 할 부분 등에 대하여 논의했습니다. 두 번째와 세 번째 논의 내용은 멘토링에서뿐만 아니라 최종 단행본에서 더 완성도가 높아졌습니다. 특히, 멘토링 과정에서 후반부로 갈수록 데이터 분석 중심으로 논의하였는데 최종 결과물에서는 전체적으로 수정되어 구성원들의 노력이 잘 반영되었다고 봅니다. 다만, 아쉬운 부분은 데이터 수집과 분석이 완료된 상태에서 멘토링이 진행되어 원 데이터나 분석방법에 대한 멘토링은 제한적이었고, 멘토링 균형을 위해 데이터 분석을 담당한 팀원 외 다른 팀원들은 방법론에 대한 이해도를 높이는 방안이 필요해 보입니다. 전체적으로 학부생 수준에서 난이도 높은 멘토링에 잘 참여해 주었고, 상당히 높은 수준의 결과물이라고 평가합니다.

3) 사진

이선형 멘토님과 함께

4.

함께하면 가치가 두 배, 공연 동아리와 관객을 위한 공연 후기 웹 앱 개발 : 후기

1) 학생 후기

2) 멘토 후기

3) 사진

1) 학생 후기

고정훈

이번 프로젝트에서 저희 앱 개발팀 4명은 개발 경험이 전혀 없는 문과생들이 모인 것이라 프로젝트 시작 전부터 걱정이 컸습니다. 우선 앱 개발을 하기 위해서 저희에게 어느 정도의 코딩 능력이 필요한지, 그리고 그 능력을 한 학기 만에 독학하여 바로바로 적용할 수 있는지에 대한 최소한의 감이 없었기 때문에, 아이디어 선정 과정에서부터 어려움을 겪었습니다. 아이디어 회의와 설문 및 인터뷰를 거쳐 공연 동아리 후기 서비스를 구상하였고, 그 사이사이 조교님의 도움을 받아 깃허브 이용법, HTML과 CSS 코딩을 전 팀원이 익혀 나가며 저희의 서비스가 한 학기 안에 손수 구현할 수 있는 것인지를 끊임없이 의심하고 도전해 나갔습니다. 그렇게 밤새워 가며 차근차근 협업한 결과 실제 작동하는 MVP가 완성되었을 때, 정말 더할 나위 없는 뿌듯함을 느꼈습니다.

개인적으로 이번 앱 개발을 통해 '팔로우십'을 배웠고, 팀원과의 협업의 중요성을 느낄 수 있었습니다. 아이디어 선정 과정에서 제가 생각하고 있던 아이디어가 선정되지 않았을 때는 팀을 옮길까 생각도 해 보았지만, 열정을 가지고 최선을 다하는 팀원들의 모습을 보며 믿어보고 끝까지 완주한다면 만약 우리가 원하는 서비스 개발에 실패하더라도 배우는 것이 있겠다는 생각이 들었습니다. 그렇게 합이 착착 맞는 팀원들과 함께, 어렵지만 서로의 코드를 하나씩 하나씩 보완해 나가며 앱을 완성했을 때는 새삼 저 혼자 할 수 없는 것을 팀원과 함께라면 해낼 수 있다는 것을 깨달았습니다. 평소에는 하기 힘든 도전과 협업의 기회를 마련해 주신 클리오 사회발전연구소와 강정한 교수님, 그리고 임소원 조교님께 감사하다고 말씀드리고 싶고, 또 함께해 준 앱 개발팀 팀원들에게도 너무 즐겁고 행복한 경험이었다고 말하고 싶네요.

표영후

이번 〈소셜데이터 조사분석〉 수업을 통해 많은 것을 얻어 가게 되었습니다. 처음부터 IT 서비스를 만들어 나가는 경험을 해 볼 수 있었고, 수업시간에 이루어지는 피드백을 통해 다른 사람들의 의견을 효과적으로 반영할 수 있는 방법을 배워 나가게 되었습니다. 사회학과에서 들었던 수업들 중 가장 새롭고 재미있는 수업이었다고 생각합니다.

함께 같은 방향을 바라보며 달린 팀원들에게 정말 고맙습니다. 좋은 기회를 만들어 주신 강정한 교수님과 클리오 사회발전연구소에도 감사드립니다. 기획과 개발 과정에서 많은 도움을 주신 이정숙 상무님과 백승헌 조교님께도 감사드립니다. 이후에도 많은 사회학과 학생들이 이 수업을 통해 많은 것을 배워가면 좋을 것 같습니다.

황채민

수업을 처음 수강할 때는 저희 팀이 앱을 개발할 것이라고, 그리고 3개월 안에 성공적으로 개발을 완성할 수 있을지 전혀 몰랐습니다. 든든한 영후 님, 만능 정훈 님, 코딩 천재 예진 님과 함께하여 짧은 기간 동안 많이 성장하고 좋은 결과물을 낼 수 있었다고 생각합니다. 기회가 된다면 다른 프로젝트도 진행을 해보고 싶습니다. ㅎㅎ

또한 이 수업을 계기로 데이터에 대한 통찰을 더욱 키워야겠다는 생각을 갖게 되어 관련 공부를 이어 가고 있습니다. 더 넓은 시야에서 사회학을 경험하고 싶은 학우분들께 해당 수업을 추천드립니다!

허예진

이 프로젝트는 일상 속 문제점을 발견하고, 이를 해결하는 프로젝트였습니다. 누군가는 사소한 문제라고 이야기할 수도 있습니다. 대학생으로서 제가, 제 친구들이 겪는 문제를 해결하는 과정이 그 자체로 큰 의미를 가진다고 생각합니다.

문제 정의부터 기획, 개발까지 모든 과정이 쉽지 않았습니다. 특히 프로젝트 초기에는 '비전공자 넷이 모여 앱 개발을 할 수 있을까?' 하는 걱정이 많았습니다. 막연한 두려움은 잠시뿐이었습니다. 팀원들과 함께 자료를 찾고 공부하며 프로젝트를 수행하는 과정이 즐거웠습니다. 정말 열심히 참여한 만큼 많은 것을 배워갑니다. 일단 시작하면 뭐든 할 수 있다는 믿음도 가지게 되었습니다!

저희 넷을 포함한 많은 분들의 노력이 모여 '공연이 끝난 뒤'라는 결과물을 만들어 낼 수 있었습니다. 한 학기 동안 많은 도움 주신 강정한 교수님, 임소원 조교님, 백승헌 조교님, 박민영 조교님, 이정숙 상무님, 그리고 클리오 사회발전 연구소에 감사드립니다.

2) 멘토 후기

★★★★★

삼성전자 이정숙 상무

작지만 구체적인 니즈에서 출발한 '공연이 끝난 후' 앱은 대학 동아리 공연 후 필요한 '응원, 격려, 친목 중심의 후기 작성'에 초점을 맞춰 군더더기 없이 담백한 사용성을 담아냈습니다.

네 명의 학생은 초기 아이디어를 서비스 개발 프로세스에 태워, 필요성을 재확인하고, 범위를 조정(MVP)하며, 구현 요구사항을 꼼꼼히 점검했습니다. 학생들의 역량이 마치 현업 서비스 기획자와 같아 매우 인상적이었습니다.

서비스 기획 단계에서 요구사항을 명확히 정리하면 구현이 깔끔하고, 보완 과정도 수월하기 마련입니다. 해당 앱 역시 잘 정리된 기획 요구사항에 따라 적절한 구현 방법을 선택했습니다:

- 앱 다운로드나 로그인 없이 QR 코드로 바로 시작할 수 있고,
- 관객의 아바타와 메시지를 공연 화면에 배치하여 관객석에 앉아 후기와 응원 메시지를 쓰는 듯한 분위기를 조성하며,
- 글쓰기 문턱을 낮추는 키워드를 도입하고, 다른 사람들의 후기나 키워드 시각화를 통해 분위기를 쉽게 파악할 수 있게 했습니다.

사용자 조사를 통해 개선 사항도 잘 도출되었습니다. 기능 추가에만 집중하다 보면 복잡해지고 정체성이 흐려지는 경우가 많습니다. 본래 목적을 달성하면서 사용자의 숨겨진 필요를 파악하고 해결하는 데 집중한다면, 서비스를 더욱 명쾌하고 뾰족하게 발전시킬 수 있을 것입니다. 공연 준비에 바쁜 동아리 주최자가 이 도구를 손쉽게 커스터마이즈하여 사용할 수 있도록 하고, 목적에 맞는 아카이빙과 분석 데이터 접근을 제공한다면, 확장성도 기대할 수 있겠습니다.

여러분들의 다음 서비스가 무척 기대됩니다!

3) 사진

이정숙 멘토님과 함께

단체 사진

문과생만 할 수 있는 소셜데이터 분석

초판 1쇄 인쇄 | 2024년 4월 5일
초판 1쇄 발행 | 2024년 4월 10일

엮은이 | 강정한
발행인 | 강희일 · 박은자
발행처 | 다산출판사

주소 | 서울시 마포구 대흥로 6길 8 다산빌딩 402호
전화 | (02)717-3661
팩스 | (02)716-9945
이메일 | dasanpub@hanmail.net
홈페이지 | www.dasanbooks.co.kr
등록일 | 1979년 6월 5일
등록번호 | 제3-86호(윤)

ISBN 978-89-7110-668-6 93330

정가 15,000원